从零开始学投资

奚剑明 著

民主与建设出版社

·北京·

© 民主与建设出版社，2020

图书在版编目（ＣＩＰ）数据

　　从零开始学投资 / 奚剑明著. –– 北京：民主与建
设出版社, 2020.3
　　ISBN 978-7-5139-2909-7

　　Ⅰ. ①从… Ⅱ. ①奚… Ⅲ. ①投资－基本知识 Ⅳ.
①F830.59

中国版本图书馆CIP数据核字(2020)第027047号

从零开始学投资

CONGLING KAISHI XUE TOUZI

著　　者	奚剑明	
责任编辑	程　旭	
封面设计	飒　飒	
出版发行	民主与建设出版社有限责任公司	
电　　话	（010）59417747 59419778	
社　　址	北京市海淀区西三环中路 10 号望海楼 E 座 7 层	
邮　　编	100142	
印　　刷	天津雅泽印刷有限公司	
版　　次	2020 年 6 月第 1 版	
印　　次	2020 年 6 月第 1 次印刷	
开　　本	710 毫米 ×1000 毫米　16开	
印　　张	11.5	
字　　数	160千字	
书　　号	ISBN 978-7-5139-2909-7	
定　　价	45.00 元	

注：如有印、装质量问题，请与出版社联系。

序　言

　　来北大读经济学博士之前，我是一名程序员，也是一个失败的投资者。在本科与硕士研究生阶段，我攻读的专业是软件工程，所以毕业以后也顺理成章地成为一名"码农"。从事编程工作几年，有了一定的积蓄后，我开始尝试各种投资。我曾经在 2008 年 6000 多点的时候追涨杀入股市，2014 年年初房地产寒冬时卖房买基金，听信过朋友给的小道消息，全仓猛砸一只小盘股票，还买过那种花 6 万元赔 5.8 万元的保险，也对银行客户经理推荐的各种五花八门的理财产品情有独钟。

　　这些投资的结果自然都惨不忍睹，最初我把这些失败的投资经历归结为运气不好，但是后来渐渐发现，我犯的错误完全是因为自己不懂得如何分析宏观经济形势，从而盲目投资导致的。

　　于是我开始尝试每天看财经类新闻，网上听经济公开课。可是因为没有经济学基础，所以经常被新闻里出现的一些名词术语，如 M2、CPI、存款准备金率、"酸辣粉"（SLF）、"麻辣粉"（MLF）、社融等搞得一头雾水。这些名词的具体解释虽然都能在网上查到，但是我却没有办法梳理清楚它们与宏观经济的联系，如某些数据和指标的变化对经济会造成哪些冲击，宏观经济的波动又是如何影响股票、基金这些金融资产的价格走势。

　　所以，我下决心自学经济学，阅读各类经济学经典书籍，到北大去蹭知名教授讲授的宏微观经济学课程，后来觉得这些还是不过瘾，干脆就考了个北大经济学博士，完整地学习了经济学知识体系，建立起了分析宏观经济的基本逻辑和框架，从根本上解决了看不懂财经新闻这个问题。

　　我写这本书的初衷，是希望自己的学习经历和惨痛的投资教训可以帮助一些像我一样不了解经济运行逻辑，但是又有投资理财需求的人们，协助他们建立一套最简单、最基本的宏观经济学分析框架。

　　本书的结构包括三部分。首先介绍了目前主流经济学主要研究的问题是什么以及宏观经济学和微观经济学的区别和联系。其次建立了一个简单的模型，进一步推导出经济学中最基本的公式——国民收入恒等式，并据此建立经济学分析框架，从消费、储蓄和投资三个具体的角度详细介绍日常生活中人们的一系列经济行为。最后对市场上与老百姓最密切相关的投资理财产品（保险、房产、债券、股票等）逐一进行分析，并尝试用建立起的框架分析宏观经济波动如何对这些金融资产的价格产生影响。

本书适合没有经济学背景的学生、白领以及退休人士阅读。对于在高校里完整接受过经济学系统教育的学生，本书的内容会略微浅显，但是也可以帮助他们从市场的角度了解如何将理论的经济学知识运用到实际生活和投资中去。

目　　录

第一章

经济运行的简单逻辑

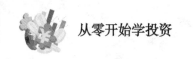

1. 孔融不让梨

《管子·国蓄》："夫物多则贱，寡则贵，散则轻，聚则重。"

自人类社会诞生的那一刻起，经济学就诞生了。经济学研究的是人类经济活动的本质与规律。在最早的原始社会，人类刚刚学会了打猎、捕鱼、采集这些技能，由于生活环境恶劣，人们聚集在一起，强壮的男人们擅长制作工具和陷阱，负责外出打猎；细心的女人们则负责采摘水果，抚养小孩，但是因为物资十分短缺，为了保证每个人都能活下去，人们会把食物和物资进行平均分配，这就是最早期的经济分配方式，即原始共产主义平均分配。

随着人类在生产过程中不断积累经验，制作的捕猎工具威力越来越大，生产效率不断提高，个体劳动逐渐取代了集体劳动，原来需要3个猎人才能捕到一头鹿，现在一个人就能捕到了；原来一个女人一天可以摘1斤果子，现在可以摘10斤了。随着捕获的食物越来越多，人们开始把今天捕到的多余食物储藏起来，以供未来享用，于是食品就有了剩余。社会中开始出现私有制。

商品剩余和私有制的产生催生出交换经济，猎人会拿多捕获的兔子换渔夫手中的鱼，工匠会用制作好的锤子和农民交换水果。于是人们自发地组织起来，约定好一个特定的时间和地点，把手里多余的物资拿去交换。早期的市场就这样形成了。

时间长了人们发现，直接交换物资很不方便，并且很难衡量每件交易物的价值。比如有个人需要锤子，他希望用两只羊去交换，但是有锤子的人希望拿锤子换一套衣服，而卖衣服的人因为好几天没吃饭，愿意用一套衣服换五只羊，那这把锤子的价值等于多少只羊呢？为了交易的公平和方便，聪明的人发明了货币。最早大家用贝壳作为货币，后来用黄金、白银、青铜这些更难获取的贵金属取代了贝壳。于是每件商品都有了它的价格，这就是最原始的市场经济形态。

在原始社会、奴隶制社会和封建社会的发展历程中，因为生产力低下，人们的经济活动主要以开发自然资源为主，其中土地是最重要的生产和生活资源，所有权如何分配在很大程度上决定了社会经济的制度。

古代土地都掌握在奴隶主或地主的手里，穷人们只能去给他们打工。这个时期的经济学也不是一门独立的学科，主要从事经济研究的学者都是一些伟大的哲学家，如柏拉图和亚里士多德。他们主要强调农业的基础地位，限制商业发展及私有财产，以巩固奴隶经济制度。

直到 1492 年哥伦布发现了美洲新大陆，人们发现新大陆物资缺乏，把商品运输过去贩卖可以赚钱，于是大家纷纷开始做起了国际贸易，这成为当时欧洲的主要经济增长来源。这时候的人们认为只有金银才是真正的财富，国家应该保护商业发展，保护流通领域，由此催生了主张开展国际贸易、积累货币财富的重商主义，也就是最早的国家干预主义。西方经济学开始萌芽。

到了 17 世纪，欧洲资本主义工业迅速发展，英国出现了许多著名的经济学家，其中最重要的就是亚当·斯密和大卫·李嘉图，他们提出了与重商主义不同的观点，认为人们的劳动才是财富积累的源泉，国家不应该干预市场，因为市场价格机制是一只看不见的手，可以自发调节商品和生产要素①的流动。这奠定了资产阶级古典经济学基础，也是现代西方经济学的理论雏形。

随着制造业水平的进一步发展，人们发明了机器，有些国家开始用机器取代人力进行商品生产，生产力得到了大幅提高，商品的种类也越来越多，不同国家、不同地区的贸易也越来越频繁。

18 世纪中期，古典经济学派划分为两大阵营，一方是以马克思、恩格斯为代表的马克思主义政治经济学派，另一方是以英国经济学家马歇尔为代表的新古典经济学派。

马克思认为私有制使得资产阶级占有了生产资料，而劳动人民作为无

---

① 生产要素是指在生产活动中需要投入的各种社会资源，如资本、劳动力、土地、原材料等。

产阶级，没有生产资料的所有权，他们创造的剩余价值完全被资产阶级剥削了，因此主张恢复公有制，实现社会主义。而新古典经济学派代表资产阶级的利益，他们认为工人给资本家打工，在获得了工资收入后，剩余的利润应该归资本家所有，资本家根据市场中供需双方的竞争情况决定商品的价格，从而决定企业赚取的利润。

所以成本低的企业，就可以花更多的钱雇用技术更高的工人，这样，通过市场的力量就可以实现充分的就业，政府不应该对市场进行干预。新古典经济学派的诞生确立了市场经济体制的核心地位，也标志着现代西方微观经济学的诞生。

19 世纪 30 年代，一场席卷全球的资本主义经济危机爆发，新古典理论已经不能指导经济发展，这个时候，一位叫凯恩斯的经济学家站了出来，推翻了新古典经济学，他认为，人们的需求不足，社会产出就会减少，工厂利润降低并逐渐倒闭，失业率上升，失去工作的人们没有了收入来源，需求进一步降低，经济就陷入了恶性循环，这就是导致经济危机爆发的原因。所以他建议政府这只看得见的手应该主动干预经济，改善资源分配，刺激有效需求。自此，宏观经济学在凯恩斯主义的基础上逐渐成为经济学中一个独立的理论体系。

20 世纪 70 年代，一些学者将微观经济学中企业的利润最大化和家庭的效用最大化理论引入了凯恩斯主义，他们认为由于信息的不对称，企业在制定价格时存在一定的黏性，也就是说企业不会随时根据市场供需情况改变价格，从而导致了市场失灵的情况，因此政府应该制定相应政策，对市场进行干预，以实现经济的健康发展，这就是新凯恩斯主义。

纵观历史，无论是原始社会的奴隶制经济，还是现代社会的新古典主义、凯恩斯主义经济；无论是马克思主义政治经济学还是现代西方经济学，这门学科研究的主要目标都是如何把有限的资源进行最合理的分配。

我国古代有孔融让梨的故事，设想一下，如果孔融家里是卖梨的，每次家里吃梨都会有各式各样无穷多的梨端上餐桌，那孔融还会因为道德的束缚，把大梨让给哥哥吃吗？所以，如果资源是取之不尽用之不竭的，一切问题都可以得到解决，经济学的研究也就没有意义了。

2. 让市场代替上帝

亚当·斯密："请给我以我所要的东西吧，同时，你也可以获得你所要的东西：这句话是交易的通义。"

现代经济学的两大框架是马克思主义政治经济学和西方经济学。这两种框架下的研究对象和研究方法都有差异，核心的区别还是资源的分配方式不同。

马克思主义政治经济学的最终目标是实现共产主义，按需分配，即每个人需要多少就拿多少，这就是中央计划者经济。计划经济中有一个如同上帝一般存在的中央计划者，他确切知道每个人的需求，并可以按照需求分配资源。这是一种完美的分配方式，所有人都会达到最优。

但有一个问题是，在现实生活中上帝是不存在的，政府作为中央计划者也很难确切地掌握每个人的具体需求。因此要实现计划经济，需要十分发达的科技水平和详尽的数据，如发展大数据技术，可以帮助政府详细掌握人们的生活状况和需求，以便制定合适的经济政策，用看得见的手对资源进行最合理的分配。

万能的中央计划者好像并不存在，但是经济学家发现，通过市场供求机制这只看不见的手也可以对资源进行合理分配，并且分配的效果和计划经济一样完美，前提是市场必须是完备的，即每一种商品都有一个价格；必须是完全竞争市场，不存在垄断；并且市场中的信息对于所有人都是完全透明的，这就是西方经济学推崇的市场经济。我国古代思想家老子提倡的无为而治也是这种思想。

西方经济学认为，在市场经济的指导下，资源分配的理想状态是帕累托最优。这种状态是指对于经济中的任意一个个体，如果他要获得更多的

资源，获取更多的福利，就必须伤害其他人的利益。好比一块蛋糕，就那么大，别人多吃一口，自己就少吃一口。

帕累托最优也叫帕累托有效，西方资本主义之所以支持这种分配方式，是因为它不考虑分配的公平性。比如一个经济体中作者和马云都是消费者，经济中的总禀赋①是 2700 亿零 10 万元，马云占有其中的 2700 亿元，而我只有 10 万元，如果从马云那里拿走 1 亿元给作者，马云的状况就变差了（即便 1 亿元对他来说可能微不足道），从作者这里拿走 1000 元给马云，作者的状况也变差了，虽然这种分配方式有失公平，但却是帕累托有效的。

在市场经济体制下，政府不需要干预市场中的交易，只要合理制定好规则，建立起一个完备的、完全信息的以及完全竞争的市场，就可以利用价格机制使市场自发地达到最优水平。那么这种价格机制是如何发挥作用的呢？我们需要从微观经济学出发进行探究。

---

① 经济学中的禀赋即为资源，这里可以认为是资金。

3. 经济是一辆公交车

萧伯纳："经济造就大半人生。对经济的爱是所有美德的根源。"

微观经济学研究的是一个单独的个体或家庭（我们一般称为消费者）和一个单独的厂商（我们一般称为生产者）的经济行为。我们举一个简单的例子，市场上有许多消费者与生产苹果和香蕉的农场。消费者拥有劳动，可以去农场上班赚取工资。消费者还拥有一定的资本，可能是父母留下的遗产，或者是工作中积累下来的钱，他们可以把钱借给农场，以赚取利息。农场作为生产者，需要雇用工人并支付工资。有的农场主没有钱，还需要向别人借钱，用来采购种子和肥料，同时他们也需要在取得收入后把借来的钱连本带利还清。

生产者生产产品，并制定一个价格，把产品卖给消费者赚取利润。消费者有不同的爱好，有的人喜欢苹果，有的人喜欢梨。喜欢苹果的人多了，苹果的需求就会上升，所以苹果的价格就会变高。苹果的价格涨了，更多的厂商会选择生产苹果，市场上苹果的供给增加，导致苹果的价格又开始下降，最终供给等于需求，价格不再发生变化。这就是供求关系对商品价格的影响。

消费者除了会花钱购买商品，还会把今天多余的钱存起来，在明天进行消费，这样如果在未来发生了经济危机或重大自然灾害，这些储蓄也可以保证生活质量不会出现下降。另外，为了追求更高的回报，有些消费者会把多余的钱拿出来借给农场主，这部分支出就是消费者的投资。所以，消费者的支出包括三个部分：消费、储蓄和投资，那么消费者的收入从哪里来呢？

一部分收入是通过打工赚取的工资，这部分收入是最稳定的，因为只要人们能找到工作，每个月（或每周）就可以获得企业支付的薪资。另一部分收入是投资产生的回报，如消费者借给农场主的钱，在未来农场赚取利润后得到利息作为报酬，但是投资具有一定的风险性，如果农场经营不善不幸倒闭，那么消费者的投资可能就血本无归了。现实生活中，市场上可供人们投资的金融产品有很多，如股票、债券、保险、房产等，在本书后面的章节会逐一分析这些金融产品的特点以及宏观经济给它们带来的影响。

在社会中有无数的个体和企业，我们把微观经济学中每一个消费者和生产者的问题加在一起，就得到了宏观经济学中讨论的社会总供给和社会总需求，也就是社会总产出。我们常用GDP来衡量一个国家或地区的总产出。围绕着GDP，宏观经济中最重要的两个问题是经济增长和经济波动。

经济增长是指在一段时间内，一个国家的总产出或人均产出持续增加。经济增长是整体经济繁荣的标志，如果一国的经济出现了负增长，那么就发生了经济衰退。

经济的持续性增长可以使得社会产出不断提高，企业部门产量扩大，工厂会招聘更多的工人扩张生产规模，失业率就会下降，收入水平上升，人们就会花更多的钱去消费，从而使社会总需求上升，并推动社会总产出进一步扩大，形成一个良性的循环。

如果经济出现负增长，社会产出水平下降，企业就会缩减产量、辞退工人，工人失业后没有收入保障，消费水平就会下降，即社会总需求降低，导致社会总供给进一步降低，这样就形成了一个恶性循环。

那么哪些因素会带来经济的可持续增长呢？一般我们认为，实物资本积累、人口红利、技术进步和制度改善等是经济长期增长的动力和源泉。这里我们举一个不恰当的例子，来说明这些因素是如何相互作用促进经济发展的。

假如把一个经济体（比如一个国家）比喻成一辆公共汽车，那么政府就是汽车驾驶员，他每踩一脚油门、每打一圈方向盘，都会引领经济的走势和发展方向，车上的乘客就是我们每一个消费者，我们的存在是这辆汽车行驶下去的理由。我们花钱买票乘车，驾驶员收到钱后会对汽车进行改造升级，让它跑得更快或更加舒适，更好地为我们服务。

汽车行驶还需要注入汽油，获取动力，当消费者越多时，需要注入的汽油也越多，汽车跑得就越快，这就是人口红利产生的作用。经济体掌握的技术自然就是这辆汽车的发动机了，技术越发达的国家，发动机的马力就越大，一箱汽油跑动的距离也就越远。

为了使汽车安全行驶，驾驶员还要维护好车厢秩序，这就需要建立起合理的制度，让乘客自觉遵守，制度越完善，车厢的秩序就越好，汽车才能开得更稳。当然，为了乘坐的舒适性，我们不希望汽车跑得太快或者太慢，因为高速行驶时紧急刹车，或低速行驶时突然加速，都会让行驶变得不安全。所以，驾驶员要尽量保持经济这辆公交车，以一个稳定的速度平稳行驶，既不能超速，也不能龟速。

4. 人生发财靠康波

> 爱德华·艾比（美国生态文学家）："为增长而增长，乃癌细胞生存之道。"

我们都知道，一个经济体不会永远增长，也不会一直衰退，而是在两个循环中不断地往复，这就是经济周期的波动问题。每一轮的经济增长和波动都会形成经济周期。

经济的周期性的波动也会造成资产价格波动，这与人们日常的投资活动息息相关。在经济过冷或过热时，一国政府会制定适当的政策，及时对经济做出调整，如在发生通货膨胀时央行会提高存款准备金率，降低流动性；在失业率上升时，政府会降低税赋缓解企业压力。所以，我们在投资时要时刻关注政府出台的一系列稳定经济的政策。我们将在后面的章节详细讨论这些政策是如何对宏观经济产生影响，并且如何影响各类资产的价格的。

根据历史经验，我们一般按照整体经济走势把一个经济周期划分为复苏、繁荣、衰退和萧条四个阶段。其中复苏和繁荣是经济的上升阶段，衰退和萧条是经济的下降阶段。

经济周期仿佛一年四季，复苏期就像春天，经历过寒冬后万物复苏，社会总需求开始上升，投资增加，企业产品的销量开始上升，人们对未来的预期变好，股票价格出现回升。

繁荣期犹如盛夏，企业的盈利状况良好，产量扩大，失业率下降，股票价格大幅上涨，通货膨胀率处于较低水平。

衰退期就像深秋，商品总需求减少，企业产量过剩、利润下滑，股票价格下跌，经济开始出现负增长，国内生产总值连续下降（一般连续两个月以上出现 GDP 下降或经济负增长即认为经济处于衰退期）。

萧条期好比寒冬，社会需求严重不足，企业产能严重过剩，大量企业破产倒闭，失业率上升，通货膨胀加剧，出现滞涨，投资者信息严重不足，人们普遍对未来的预期极低。

根据持续时间的长短，宏观经济中把经济周期分为短周期、中周期、中长周期和长周期。

短周期——基钦周期，由美国经济学家约瑟夫·基钦首次提出，也叫库存周期。基钦认为经济每隔 40 个月左右就会出现一次有规律的上下波动，这种波动体现在企业库存的变化，这也是我们分析宏观经济周期的一个重要切入点之一。企业对产量的调整通常滞后于市场需求的变动。在复苏期，社会总需求出现上升的时候，企业产量依然处于较低水平，不能满足市场需求，企业库存被动降低；在繁荣期，市场需求更加高涨，企业对未来的预期变好，会提高产量，库存主动降低；在衰退期，市场需求出现回落，企业尚未及时调整库存，企业的库存被动增加；在萧条期，市场需求严重不足，企业产能过剩并会降低产量，但是供给仍然高于需求，企业库存主动增加。所以库存的变化与宏观经济的波动存在一定联系，在分析宏观经济时，我们需要密切关注国家统计局定期公布的商品库存额数据。

中周期——朱格拉周期，是由法国经济学家克里门特·朱格拉提出的一种长 9~10 年的经济循环波动，也叫设备投资周期。朱格拉周期从企业对设备更新换代的角度衡量经济所处的四个阶段。他的核心思想是，如果经济处在复苏期，企业对未来的预期逐渐恢复，则企业就会增大设备的投资，或者采购新设备替代旧设备。随着经济进入繁荣期，企业对未来的预期充满乐观，设备投资的比例就会大幅增加。到了衰退期，经济处于下行，市场前景不佳，企业对设备的投资会逐渐下降。在萧条期，经济迎来寒冬，市场惨淡，企业也不会投资更新设备。工业企业的设备一般在十年左右，所以朱格拉周期的长度也与设备的寿命长度基本一致。一般认为，一个朱格拉周期包含 2~3 个基钦周期。在做宏观分析时，可以用设备投资占 GDP 的比例这一指标反映朱格拉周期。

中长周期——库兹涅兹周期，又称建筑业周期，是一种为期 20 年左右的经济周期，由美国经济学家西蒙·史密斯·库兹涅兹提出。通过对二战后美国经济的研究，库兹涅兹发现美国工业经济增长率与人口的迁徙有着密切的关系。在经济复苏时，社会需求缓慢上升，企业开始雇用更多的劳动力进行生产，失业率缓慢下降，人们开始从农村迁移到城市找工作，因此房地产市场开始活跃，成交量逐步回升，房地产价格也开始上升。繁荣期房地产交易量持续上升，价格也迅速攀升。进入衰退期，人们的收入不再持续性上涨，由于房价过高，导致房地产成交量开始下跌。在萧条期，高房价难以维系，成交量及价格双双下跌，房地产也进入寒冬。我国房价从 1998 年开始复苏，到 2018 年见顶，恰好持续 20 年。

长周期——康德拉季耶夫周期，即康波周期，由苏联经济学家康德拉季耶夫首先提出，投资界著名的一句话"人生发财靠康波"正是指的这个周期。康波周期一般在 50~60 年。回顾历史，自 18 世纪 60 年代第一次工业革命以来，人类的科技每隔 60 年都会经历一次重大突破，人类社会也会进入到一个崭新的时代。从 18 世纪末的蒸汽机的发明与铁路时代，到 19 世纪 70 年代的电力的发明与重工业时代，再到 20 世纪 50 年代计算机的发明与信息时代，与之相伴的便是经济的高速增长，所以康波周期的核心驱动因素是技术的进步。在过去的 3 个康波周期中，新技术都是在萧条时期被发明出来的，在复苏期开始投入使用，并在繁荣期得到大规模的应用。因为周期时间太长，人的一辈子也许只能经历一次康波周期，所以康波周期对宏观经济分析往往不具备指导作用。但是根据时间推算，下一次康波周期也许会在 21 世纪 30—40 年代到来。因此对于这种一辈子只有一次的机会，我们需要在它到来之前做足充分的准备。

我们在分析经济周期处于哪个阶段时，会借助于各类宏观经济指标，这些指标反映了总体经济的运行情况。根据指标周期性循环的时间与经济波动周期时间的同步性，一般把它们分为三类，即前瞻性指标、一致性指标和滞后性指标。

前瞻性指标是指标的波动提前与整体经济的波动，如股票指数、企业新雇用的员工数、新开工的项目数等，这类指标的变化通常会早于宏观经济整体的波动，对经济周期的预测非常重要，具有一定前瞻性。

一致性指标是指标的波动与整体经济波动一致，如个人收入、社会消费品零售总额、GDP 等，这类指标从各个方面直接反应了经济运行情况，虽然不能用来判断经济走势，但是可以通过它们来验证对于经济的预测是否准确。

滞后性指标是变化时间迟于整体经济的指标，如消费品价格指数（CPI）、商业贷款等，这些指标的变化受到宏观经济的影响，通常作为政府调控经济的主要依据。

在宏观经济分析中，最重要的，也是与我们日常生活息息相关的三个指标，反映着物价水平或通货膨胀的消费品价格指数（CPI），反映着就业水平的失业率以及反映总体经济水平的国内生产总值（GDP）。在后面的章节中我们会一一介绍。

5. 一个简单的模型 *

北京大学某经济学教授："你不能模拟整个世界。"

现在我们用一个简单的模型，描述上面消费者与生产者的故事，我们把这个模型命名为世代交迭投资模型。这部分是本书中最难理解的一个章节，有一些公式和烦琐的数学变量，但是公式的推导仅仅运用了一些等式的知识和中学数学的内容，如果对模型不感兴趣的读者可以直接跳过。对于想要深刻理解经济学或是有一定经济学基础的读者，这部分的内容还是值得一读的。

（1）微观部分

为了让模型更加贴近现实社会，我们把一个个体，即消费者的一生划分为两期，分别为青年时期和老年时期。个体在青年时期开始的时候出生，在老年时期结束的时候去世。每一个具体的时期，我们用一个数字表示，如0、1、2……t……其中字母 t 可以表示任何一个时期，因此每一个时期都要青年人和老年人两类人同时存在，如果一个人在 t 期出生，那么在 $t+1$ 期他就变为老人。

青年时期，消费者年富力强，可以依靠自己的双手打工挣钱。他们把挣来的钱一部分以现金形式持有，随时消费；另一部分存到银行或进行各种投资。有些消费者在年轻的时候还会从银行借款，这在现实生活中很常见，如贷款买房、买车。政府会向年轻人收一笔税，这笔钱收上来后，会以养老金的形式发放给老年人。

到了老年时期，消费者退休不再工作，但是他们依然需要消费，同时偿还青年时期的借款。老年人的收入主要来自青年时期的储蓄和投资带来的收益以及在老年时期政府发放的养老金。熟悉宏观经济学的读者应该认识到，这是一个基于世代交迭模型的扩展。

在这里为了方便分析，我们引入一些小学数学，用方程式来表示个体消费者青年时期与老年时期的收入与支出：

青年时期： $C_t^y + M_t^y + I_t = W_t + D_t - T_t$ 　　　　公式（1）

我们认为年轻人在第 t 期出生，用下角标 t 表示，这里 $t > 0$ 。支出方面， C_t^y 即表示年轻人（用上角标 y 表示）在 t 期的消费， M_t^y 表示年轻人在 t 期持有的现金， I_t 表示年轻人在 t 期的总投资，包括股票、债券、保险、房地产等，后面我们会详细说明。收入方面， W_t 表示年轻人在 t 期挣的工资， D_t 表示从银行获得的贷款， T_t 是政府向年轻人征收的税收以及他们缴纳的社保。

老年时期： $C_{t+1}^o + M_{t+1}^o = S_{t+1} \times I_t + F_{t+1} - R_{t+1} \times D_t$ 　　公式（2）

我们认为老年人生活在第 $t+1$ 期，用下角标 $t+1$ 表示。支出方面， C_{t+1}^o 即表示老年人（用上角标 o 表示）在 $t+1$ 期的消费， M_{t+1}^o 表示老年人在 $t+1$ 期持有的现金。收入方面， S_{t+1} 表示 $t+1$ 期的投资的平均毛收益率， $S_{t+1} \times I_t$ 就是投资产生的总体回报。 R_{t+1} 表示 $t+1$ 期的贷款毛利率， $R_{t+1} \times D_t$ 表示老年人在 $t+1$ 期需要向银行偿还的贷款。 F_{t+1} 是政府在 $t+1$ 期给老年人发放的养老金。

我们把代表青年时期和老年时期收入与支出的两个公式（1）和（2）相加，就可以得到一个消费者一生的收入与支出式子：

$C_t^y + C_{t+1}^o + M_t^y + M_{t+1}^o + T_t = W_t + S_{t+1} \times I_t - r_{t+1} \times D_t + F_{t+1}$ 　公式（3）

其中 $st+1$ 表示投资的净收益率，满足 $S_{t+1}=1+st+1$ ； R_{t+1} 表示贷款净利率，满足 $R_{t+1}=1+R_{t+1}$ 。

公式（3）的意义是一个消费者在青年时期和老年时期的总消费和持有的货币总量，加上他在青年时期缴纳的社保和个税，等于他一生挣的工资、政府发放的养老金以及投资的总收益之和，再减去需要偿还的贷款的利息。我们要注意，这里面需要消费者决策的变量是消费（ C_t^y 、 C_{t+1}^o ）、持有现金量（M_t^y、M_{t+1}^o）、工资（W_t）、投资量（I_t）和贷款金额（D_t），有读者可能会疑惑，工资是雇主发放的，怎么能由消费者决策呢？消费者虽然不能直接决定每小时挣多少钱，但是他可以决定一天工作多少个小时，工作时间长了，工资自然就高了。而缴纳的社保和税款（T_t）、政府发放的养老金（F_t）、投资回报率（S_{t+1}）和贷款利率（R_{t+1}）等变量都是消费者个人不能决定的。

对于一个个体消费者，我们直接用 C 表示他一生的消费，因此 $C = C_t^y + C_{t+1}^o$；用 M 表示他一生的现金持有量，因此 $M = M_t^y + M_{t+1}^o$；用 S 表示一生领取的养老金与缴纳社保和税收的差额，$S = F_{t+1} - T_t$；为了方便，我们令 $D = r_{t+1} \times D_t$，令 $W = W_t$。

我们令 $I = s_{t+1} \times I_t$ 表示 t 期个人投资的总收益。包括消费者的国内金融资产（股票、基金、债券、保险、银行理财）、实体资产（房产、土地、黄金）、实物资本（企业厂房、机器设备、存货）。为了详细分析每种产品的波动情况，我们把 I 写开：

$I = B + E + K$

其中 B 表示投资于股票、债券等金融资产的收益；E 表示投资于房产、土地、黄金等实体资产的收益，这类资产的社会总供给量是恒定的，不会随着经济的好坏而变化；K 表示投资于企业厂房、设备、库存等实物资本的收益。把上述变量代入等式（3）我们就得到了决定一个消费者一生的收入与支出式子，我们把它叫作消费者投资决策式：

$$C + M + \text{D} = (W + S) + (B + E + K) \qquad \text{公式（4）}$$

公式（4）表示一个人一生的消费、持有的现金与需要偿还银行的贷款利息之和，等于他一生赚取的工资、养老金及投资于金融资产、实体资产、实体资本的收益之和。

基于投资决策式，我们可以讨论宏观经济的一个冲击，如通货膨胀率上升、失业率下降、对未来预期的变化、自然灾害等不可预知的因素如何影响各个变量的变化。

所以，作为一个消费者，需要考虑在冲击发生后如何分配在青年时期和老年时期的消费和持有现金的数量，在青年时期应该分配拿出多少钱进行投资，该不该向银行贷款，怎样能在年轻的时候多花一点钱等问题。

（2）宏观部分

下面我们采用公式（4）模型进一步刻画宏观经济。我们认为在模型中存在一个政府，政府向年轻人征税，向老人发放养老金，同时还具备银行的职能，可以向消费者提供贷款，这种设定非常符合我们国家目前的国情，因为我国银行都是国有企业，政府对银行的监管也非常严格。此处为了简便，我们认为每一期出生的人口数都保持不变，即人口增长率为0[①]。

那么如何用模型表示社会总体的经济行为呢？模型中有两个时期，但是在分析宏观经济的时候我们只能考虑一个时期的问题，在这里我们用一个简单的数学技巧，把老年时期的等式向前滚动一期，考虑生活在 t 期的那些老年人收入与支出如何分配的问题。

老年时期（t 期）：　$C_t^o + M_t^o = S_t \times I_{t-1} + F_t - R_t \times D_{t-1}$　　　公式（5）

再把代表 t 期年轻人收入分配决策的公式（1）和公式（5）相加，我们就得到了 t 期社会的总需求式：

$$\left(C_t^y + C_t^o\right) + \left(M_t^y + M_t^o\right) = W_t - \left(I_t - S_t \times I_{t-1}\right) - \left(R_t \times D_{t-1} - D_t\right) - \left(T_t - F_t\right) \quad 公式（6）$$

W_t 是社会总收入，即 GDP，在宏观经济研究中一般用 Y_t 表示。我们令 $C_t = C_t^y + C_t^o$，表示社会总消费等于年轻人与老年人的消费之和，令 $M_t = M_t^y + M_t^o$，表示社会中流通的现金总量，即通常我们所说的 M0。式中 $R_t \times D_{t-1} - D_t$ 表示银行获得的贷款收益，$T_t - F_t$ 表示政府养老金账户的收益，这两者的和为政府的财政赤字，我们用 G_t 表示：

$$G_t = \left(R_t \times D_{t-1} - D_t\right) + \left(T_t - F_t\right)$$

我们用 $\Delta I_t = I_t - S_t \times I_{t-1}$ 表示 t-1 期国内投资的总收益与 t 期国内投资的支出之间的差额，即 t 期国内社会总资本的积累，与微观部分一样，投资包

[①] 感兴趣的读者也可以尝试把出生率设定为一个固定比例，用模型分析人口红利对宏观经济的影响。比如我们增长率设为 n，并假设在第 t-1 期有 1 个人出生，那么在第 t 期就会有 n 个人出生。所以，在 t 期的总人口数是 1+n，即 1 个第 t-1 期出生的老人，和 n 个第 t 期出生的年轻人，依次类推。

括股票、基金、债券、保险、银行理财等金融资产（ΔB_t），以及房产、土地、黄金等实体资产（ΔE_t），和企业厂房、机器设备、存货等实物资本（ΔK_t）。为了详细分析每种产品的波动情况，我们也可以把 ΔI_t 写开：

$$\Delta I_t = \Delta B_t + \Delta E_t + \Delta K_t$$

我们把上述变量代入公式（6），在不考虑海外进出口的情况下，就得到了宏观经济学中最著名的公式——国民收入恒等式：

$$Y_t = C_t + M_t + \Delta I_t + G_t \qquad\qquad\qquad 公式（7）$$

公式（7）式表示一国的总产出（即 GDP）等于总消费、总储蓄、国内投资、政府赤字的总和。如果某些因素导致其中一个变量出现变化，就都会导致人们对消费、储蓄和投资决策的改变，从而影响资产价格的波动。

我们的模型具备微观经济的基础，并且把宏观经济和微观经济很好地结合起来。后面的章节将详细分析经济波动如何影响消费者决策。本书不涉及模型的求解，因为这个工作非常复杂，我们仅在模型提出的框架范围内对各个变量进行分析。感兴趣的读者可以自行尝试完成求解。

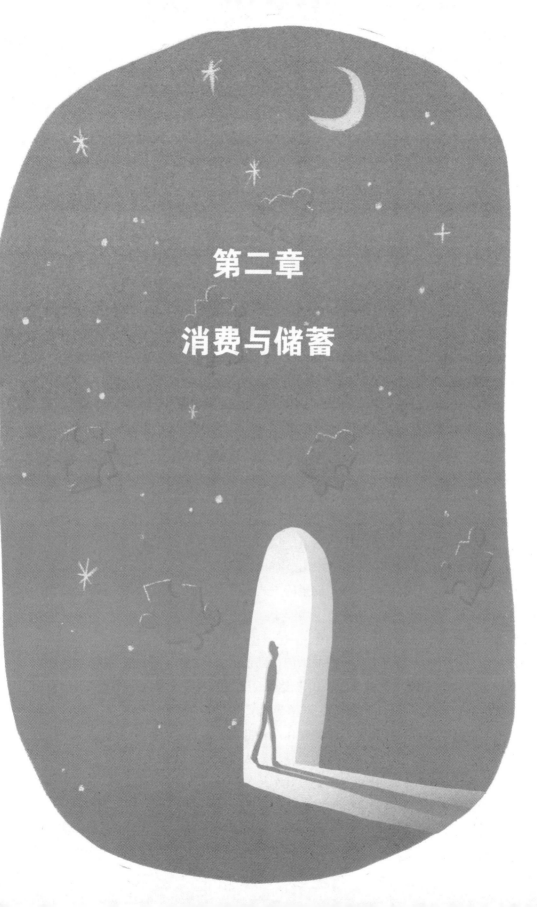

第二章

消费与储蓄

1. 先吃好葡萄还是先吃坏葡萄

《老子》："知足者富。"

美国心理学家亚布拉罕·马斯洛认为人类的需求是呈金字塔形状的，并把它划分为五个层次。第一层需求是生存，即衣食住行，有了这些基本的生活保障品，人们才能保证生命的延续。第二层需求是安全，人们希望生活在一个安全的环境里，不用因为生命受到威胁而惶惶不安。第三层需求是沟通，人类是群居动物，需要与其他人交流并得到关怀与照顾。第四层需求是尊重，每个人都希望自己能够得到别人的认可和肯定。第五层需求是自我实现，即个人理想抱负的实现可以带给他最大的快乐。

有人认为这五类需求不应该是阶梯式的，而应该相互并列。一个三天没吃饭的乞丐，难道就不与人沟通、不希望被人尊重吗？本书不讨论这几类需求的先后关系，但是我们认可人类的需求具有多样性，有人喜欢苹果，有人喜欢香蕉，有人喜欢滑雪、登山，四处探险，有人喜欢插花、泡茶，静养身心。人们满足自身欲望的方式多种多样，如花钱购买各种商品、在忙碌的工作之余放松休息、培养子女考上名牌大学、努力做科研赢得诺贝尔奖等。

那么，如何衡量人们的欲望得到了多大满足呢？为此，经济学家创立了效用（Utility）的概念，用来度量欲望（需求）被满足的程度。影响效用的因素很多并且因人而异，但在西方经济学市场经济的体系下，都可以用商品表示。如休闲是把时间看作一种商品，养育子女是把未来家庭的收益看作一种商品，赢得诺贝尔奖是把别人的赞誉（或诺贝尔奖奖金）看作一种商品。所以，我们在研究微观个体的问题时，通常只用消费各种商品的数量来度量他的效用得到满足的程度。

商品带来的效用具有两个特点。首先是多多益善,即对于正常品①而言,人们拥有的商品越多,获得的效用就越高。在生活中这样的例子随处可见。商场化妆品专柜派发的免费试用装,总是能吸引到很多女性顾客,即使排队的时间可能会很久。麦当劳推出的汉堡买一赠一活动,也会成功招来不喜欢吃快餐的食客。商品越多越好的设定非常合理,再举一个极端的例子,假如一个拥有万亩苹果园的农场主去菜市场买菜,他看到一个摊位一斤苹果卖 3 元,另一个摊位一斤卖 5 元,并且两家卖的苹果质量完全一样,如果让他花钱去买苹果(即使他不需要这么做),那么他也会毫不犹豫地去购买一斤 3 元的。

其次是边际效用递减。一个壮汉在饥饿的状态下吃第一个馒头,他会得到很强的满足感,在吃第二个馒头时满足感依然很强,但是会比前一个稍微下降一点。之后他每多吃一个馒头,获得的满足感都比吃前一个馒头更低。直到他已经吃得很饱,这时再逼他多吃一个馒头,对他来说就会是一种负担。所以对于任意一种商品,每多消费一个单位时,消费者获得的效用在边际上都是下降的。

需要注意的是,边际效用递减只是针对一种商品而言。前面壮汉的例子,如果在吃下第十个馒头时,递给他一瓶水,那么他的幸福感一定油然而生。

运用边际效用递减的法则,可以解决生活中很多有趣的问题。比如在吃葡萄时,人们会先吃最差的,把最好的留在最后享用,这种吃法能否带来更高的效用呢?现在假设一共有 10 颗好坏不一的葡萄,吃最好的葡萄效用为 10,次好的效用为 9,依次类推,最差的葡萄吃下去只能提升 1 的效用。因为边际效用递减,我们假设吃第二颗时边际效用下降 0.1,吃第三颗的边际效用下降 0.2,吃到第 10 颗边际效用下降 0.9。那么如果从最好的开始吃,吃第一颗葡萄的效用是 10,吃第二颗的效用是 18.9,第三颗的效用是 26.7,吃到第十颗时,效用为 50.5。如果从最差的开始吃,吃第一颗效用为 1,第二颗为 2.9,第三颗为 5.7,吃到第十颗时效用刚好也是 50.5。所以如果能把葡萄都吃光,两种吃法是无差异的。但是如果吃到第五颗时就吃饱了,那么先吃最好的一定比先吃最差的获得的效用更高。

引入微观领域的效用理论,对分析宏观经济很有帮助。回顾上一章我

① 正常品是指人们的需求随着价格下降而上升的商品。

们构建的模型中，需要个人决策的变量包括商品的消费量、持有多少现金和花多少钱进行投资。在求解这个模型时，我们的目标是让消费者的效用达到最大，而影响消费者效用的直接因素就是商品的消费量[1]。我们又认为个体的消费者是具有代表性的，个人决策的加总就是社会的总体决策，通过解决个体消费者问题我们就可以解决总体社会问题。所以效用理论使我们的宏观模型具备了微观经济学基础，让它的结果更具有说服力。

---

[1] 有些人的效用也会受到持有现金数量的影响。手持的现金越多，对不可预测的未来越不那么担心，效用也就越高。在经济学中这被称为货币幻觉。

2. 今天的一块钱与明天的一块钱

李白："人生得意须尽欢。"罗隐："今朝有酒今朝醉。"

下面我们思考另一个对于个人消费决策很重要的话题，即消费的跨期决策。

我家楼下有一个理发店，经常推出花样繁多的打折促销活动。每次我的妻子去理发，工作人员都不厌其烦地向她推荐各种充值办卡服务，并且优惠的力度很大，如充 1000 元返 300 元，充 2000 元返 500 元。但是当我一个人去的时候，工作人员总是很安静，默默地剪完头发就让我离开了，这是为什么呢？因为我的头发很短，每个月定期都要去修剪一次，且每次的消费金额很低。我妻子每年可能才去做一两次头发，每次都要烫发、染发，花费的金额非常高。从理发店的角度来讲，抛开产品的利润不谈，如果把优惠力度很大的服务推销给我这类消费频次高、单笔金额少的客户，他们一定会亏损，因为我会在很短的时间内，把优惠的金额全都用光。而遇到我妻子这样的"优质"客户，不仅消费频率低，短时间内把充值额度用完的概率也很小，理发店就可以用闲置的资金维持运营。等到客户下次进店，把充值的钱花光后，再向他们推销更新的优惠服务。

有人可能会问，不管是谁消费，只要把钱花光，不是都占到便宜了吗？这里我们就要引入消费的跨期决策问题。上一章我们提到，人的偏好具有差异性，有的人喜欢用 iPhone 手机，有的人喜欢用华为手机。我们注意到，消费者在购物时除了需要决策购买哪种商品，还需要决策什么时候买。几年前 iPhone 6 在中国上市的时候，苹果商店门前排起很长的队伍，这些人希望第一时间用上最新的手机，有的人甚至不惜从黄牛手中花高价购买。还有一些人会在新品发布一段时间后再买，或者等到 iPhone7 上市时，打折购买前一代手机。同样是 iPhone6，我们通常会认为是同一种商品，但是在经济学讨论的范畴内，今天的 iPhone6 与明天的 iPhone6 却是两种不同的商品。苹果公司在发布 iPhone7 时，需要考虑如何面对老一代 iPhone6 的竞争。所以，手机在更新换代的时候，各大手机厂商都会推出各种各样的新功能，以保证新产品对于消费者来说，比折价后的旧产品更有吸引力。从 iPhone4 开始，苹果生产的每一代手机在上市开售当天都会吸引一大批消费者蜂拥抢购。但是 2018 年新款 iPhone XS Max 上市时由于售价过高，新推出的功能也乏善可陈，销量远低于预期，而与之相比上一代的 iPhone X 在降价后的销量却大幅增加。

那么在面临跨期消费的问题时，我们应该如何决策呢？经济学给出的回答是，边际收益等于边际成本。这也是经济学中所有决策问题的标准答案，如企业如何决定产品价格、人们如何分配工作和休息的时间等。具体来说，在跨期消费的决策中，消费者今天多花 1 元的边际成本，应该等于把这 1 元留到未来消费的边际收益。今天把 1 元省下来做投资，今天的效用受到了损失，但是到了明天可以得到比 1 元更多的收益，拿这些钱用作明天消费，会为明天带来更高的效用。

可是人都是缺乏耐心的，并且未来充满了不确定性，所以明天的效用一定比今天的差。我们在考虑未来的效用时，需要给它打一个折扣，这个折扣一般用贴现率来表示。越缺乏耐心的人，越重视今天的消费，他的贴现率就越大。

一般我们认为贴现率还与银行的利率高度相关，因为把 1 元节省下来存到银行赚取利息是最保险的投资方式，也是投资的最低收益。所以，我们在做跨期决策时，需要特别关注银行利率，如果利率很高，今天消费的机会成本会增大，那么就应该把钱存到银行获得更高的收益；如果利率很低，银行的利息也会降低，我们就应该增加今天的消费，减少储蓄。

3. 著名的两个老太太

英国谚语："少取利，快周转。"

多年前有一个关于美国老太太和中国老太太的故事非常流行，讲的是中国老太太攒钱 30 年，在晚年买了一套新房子，而美国老太太住了 30 年大房子，在临终前终于还完了贷款。这个故事的初衷是告诫大家不要过度储蓄，要学习美国老太太贷款买房，尽早享受。但是它没有揭示美国人贷款买房后需要背负的沉重的月供压力。后来这则故事成功推高了国内房价，中国老百姓纷纷效仿美国老太太贷款买房，有些人确实因为房地产价格飙升身价飞涨，可是许多人却在高位接盘被房贷套牢。

近年来国人的思想逐渐开放，工资水平也随着经济的高速增长逐年提高，越来越多的人开始贷款买房、买车、旅游、消费。2008—2017 年的 10 年间，我国居民部门（即老百姓）的贷款余额增长了 7.1 倍，同时期居民部门杠杆率（贷款占 GDP 比例）从 18% 增长到 49%，10 年翻了将近 3 倍。老百姓的债务每年都在增长，但许多经济学家认为我们仍然具有加杠杆的空间。最直接的理由是，虽然截至 2017 年年底全国债务总量达到 40.5 万亿元，可是居民部门的现金和存款相加仍然有 70.9 万亿元，远远超过债务余额，并且在我国居民部门的债务结构中，房贷是老百姓最主要的贷款类别，占贷款余额的比例在 45%~54%，短期消费贷款占比不到 17%①。

为了刺激消费的增长，政府鼓励各银行和金融机构发行消费贷产品。随着移动互联网的普及和流量时代的到来，腾讯、阿里巴巴和京东等互联网巨头也都大力发展各自旗下的贷款业务，像微信的微粒贷、支付宝的蚂蚁借呗和京东的京东白条等产品，消费者只需轻轻动几下手指，就可以在

---

① 数据来自中国人民银行发布的《中国金融稳定报告 (2018)》。

不到 1 分钟的时间内借出上万元。

虽然五花八门的消费贷产品和较低的申请门槛，刺激了消费需求的增长，也有利于我国的经济增长，但是市场中消费贷产品的利率普遍不低，像微粒贷的日利率为 0.035%，年利率（按 360 天计算）达到了 12.6%，如果自身不具备还款能力，违约会造成非常严重的后果。

虽然通过贷款进行提前消费确实可以给人带来效用的提升，但是债务规模扩大的同时风险也随之提升。对于二十几岁年富力强、工作稳定的年轻人，在收入的预期会随年龄的增长不断提高时，向未来的自己借钱确实可以增加自身的整体福利，但是如果工作不稳定，有失业风险，在未来收入的预期可能下降时，盲目贷款就不是一个很好的选择。

特别是我国 80 后和 90 后大多都是独生子女，面临着赡养老人和抚养子女的双重压力，再背负大量债务就会面临很大风险。所以，年轻人在申请消费贷款时，应根据自己的偿债能力和财务状况理性借贷，切忌盲目扩张自身债务规模，过度透支未来。

4. 老人应该存钱吗

> **匿名："货币就像水蒸气，放久了也会慢慢蒸发。"**

美国老太太与中国老太太的例子反映了中美两国人民的消费观念不同。中国的老人从小生活艰苦，即使在改革开放生活条件得到改善后，也会过度担心经济环境再次恶化，所以他们都会选择持有一定比例的现金和活期存款，以便在未来应对可能出现的各种风险，这种思想也传给了年轻一代。现金可以让人们的心里变得踏实，这种踏实的感觉，就是风险厌恶程度。由于国情不同，相比于美国人，中国人的风险厌恶程度普遍较高。

但是人们这种偏好储蓄的习惯，在中国经济高速发展时期，并不是一件值得庆幸的事情。因为通货膨胀会把人们积累的现金资产洗劫一空。

通货膨胀是指一个国家因为刺激经济发展，在市场中投放大量的货币，造成流通的货币数量超过经济实际需求的量，从而引起纸币贬值、物价和工资水平上涨的现象。

近四十年来，我国通货膨胀水平逐年攀升，有专家测算，1978年的1万元相当于2018年的1500万元。所以在改革开放初期，如果人们思想保守，严重厌恶风险，偏好高储蓄率，那么高通胀低利率的经济环境，会让他们的生活变得非常窘迫。这些人在年轻的时候既没享受到好日子，到老了攒下来的存款又会大幅缩水。李白有诗云："人生得意须尽欢，莫使金樽空对月。"说的就是这个道理。

如果把货币引入第一章我们提出的模型中，就会得出年轻人消费与储蓄的比率和通货膨胀率成反比，通货膨胀率越高，则年轻人储蓄的比例越低，这与实际情况相吻合。

现实生活中，人们在步入老年社会之前，都会为自己存下一大笔现金，以保证晚年的生活质量。但是，在西方经济学帕累托有效的讨论框架下，我们的世代交迭投资模型是动态无效率的。因为年轻人在步入老年社会时，储蓄的比例过高了，这部分储蓄相当于年轻人为自己未来购买的保险，即在未来没有收入的时候，可以使用这笔资金进行消费。

如何证明这种无效性呢，回顾帕累托有效的概念：无法在不损害一部分人福利的前提下，使另一部分人的福利得到提高。现在假设模型是无限期的，未来人类不会灭亡，整个经济体一直运行下去，在第 t 期，社会中有年轻人 A 和老人 B，我们让年轻人 A 拿出一点钱补贴给老人 B，B 的效用就得到了提高；到了第 $t+1$ 期，老人 B 去世，A 变为老人，年轻人 C 出生，再让下一代的年轻人 C 拿出一点钱来补贴给老人 A，这样 A 的效用也得到了提升。

由于经济会永远运行，所以每一期老人的福利都得到了提高，而年轻人的福利也没有受到损失（因为下一期他们变为老年人时福利提高了），所以这个模型中所有人的福利情况都得到了改善，经济不是帕累托有效的，或者说经济可以被帕累托改进。

那么如何实现帕累托改进，如何把年轻人的一部分钱转移给老年人呢？政府通过实施财政政策可以完成这个工作。政府可以要求年轻人缴纳社会保险，并把这部分资金以养老金的形式再发放给老人，这样就完成了财富转移工作。

理想情况下，政府收缴社保的额度应该是年轻人全部的储蓄，这样可以鼓励年轻人尽可能扩大消费，避免过高的储蓄造成资源浪费。政府帮助年轻人进行储蓄，在当期收缴年轻人的社保后，把社保资金进行投资，获得高于储蓄的回报率，并在下一期发放给老年人更多的养老金。这就是宏观经济学中世代交迭模型的现收现付制度（pay as you go）。

像我国的全国社会保障基金（社保基金），就是对全国企事业职工缴纳的养老保险费进行专业管理并实现投资保值增值的一只基金。为保证社保资金投资的安全性、收益性和流动性，政府在投资方向、投资结构、投资区域和投资数量等方面针对社保基金制定了一系列政策和措施。

所以，从经济学的角度来看，在老年时期结束后，老年人自动退出了模型，储蓄对于他们来说也没有太大的意义。但是在现实生活中，还是有许多人仍然会在老年时期存钱，一方面是他们对子孙后代的关心，希望在死后可以留下一笔遗产，减轻子女的生活压力，另一方面是大部分人在生前都不能把自己的财富进行合理的规划。过度储蓄不仅会降低个人一生总体的福利水平，也会影响整个经济体的健康发展。

生活不是数学模型，并不存在假设的理想情况。年轻人如何掌控消费与储蓄的比例犹如一门艺术。低储蓄率会带来焦虑，过度储蓄会造成资源浪费和生活质量的严重下降。所以，我们应该时刻关注宏观经济，尽早对老年生活做好规划，在保障生活质量的同时合理进行投资，最重要的是按时缴纳社保，并结合自身情况配置一些保险产品，在后面资产配置部分我们会详细介绍。

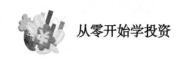

5. 别让通货膨胀毁了你的生活

严复："滞财之致贫，其害烈于侈靡。"

上一节提到通货膨胀会对人们消费与储蓄的决策产生很大影响，这种影响包括两个层面。我们以通货膨胀水平上升为例，一方面，通胀加剧导致物价水平上升，用同样的钱能买到的商品变少了，相当于实际收入减少，消费水平下降。同时政府为了抑制通胀会提高利率，所以人们会把钱先存起来赚取更高的利息，储蓄水平上升，等到未来物价下跌时再购买商品，这被称为替代效应，就是用未来的消费替代现在的消费。另一方面，通胀使得利率上升，从而人们现有的存款可以带来更高的利息，相当于收入增加了。因此人们会拿出更多的钱进行消费，导致储蓄下降，这就是收入效应。两种效应相互作用，共同决定消费与储蓄。

一般认为，如果一个国家当前的通货膨胀水平不严重，实际利率都保持在较低水平，那么利率上升的替代效应会大于收入效应，就是说储蓄率会随着利率的上升而增加。

通货膨胀对生活必需品的消费影响不大（如水、电、天然气等），因为无论价格多高，这些都是不得不消费的商品，但是对奢侈品①会造成严重影响。

我们在做消费决策时要时刻关注通胀，如果通胀加剧，应适当减少奢侈品的消费，增加储蓄，当通胀处于较低水平时，应增加消费，及时行乐。

那么如何通过分析宏观经济来预测通货膨胀水平以便对消费与储蓄进

---

① 微观经济学中，奢侈品是指收入弹性大于1的商品，即收入上升1单位，商品需求量的上升大于1单位。如红酒相对于啤酒来说是奢侈品，人们收入上升时，会喝更多的红酒。

行合理决策呢？直接反映通货膨胀水平的宏观经济指标主要包括反映居民部门物价水平的 CPI 与反映工业部门价格水平的 PPI，这是我们常在财经新闻里见到的术语。

CPI 是居民消费价格指数（Consumer Price Index），用于衡量居民家庭购买的消费品和服务的价格水平，数据由国家统计局每月发布。CPI 的计算方法是选取一组固定商品，按当期价格计算一个价值，除以这组商品按基期价格计算的价值。例如，2000 年，我们购买 1 公斤猪肉、一套西装、剪一次头发、购买中国移动 1G 通信流量、去医院挂一个号的总费用是 1000元，在 2019 年，购买同样的商品和服务花费的费用是 1200 元。那么以2000 年为基期（即 2000 年的 CPI 为 100%），则 2019 年的 CPI 等于 120%（1200 / 1000×100%），2019 年的通货膨胀率就等于 20%。

我国在统计 CPI 数据时，涵盖的商品有 200 多种，包括食品、烟酒、衣物、居住、生活用品、交通、通信、教育、娱乐、医疗等类别，每种商品的比例随经济发展做相应调整。

在改革开放初期经济发展刚刚起步时，人们消费水平较低，生活开销以食品、衣物为主，当时食品和衣服占 CPI 的比重非常高。经济发展到一定程度后老百姓的温饱问题已经解决，娱乐、教育类的消费开始增加，则此类商品在计算 CPI 时的占比也被提高。

虽然食品类的占比呈下降趋势，但是 2016 年最新调整的 CPI 权重中，食品类的比重仍然接近 1/3。民以食为天，食品的消费情况是反映国民经济的重要标志，食品价格的波动也是 CPI 指数波动的主要因素。在食品大类中，粮食和猪肉是非常重要的两类商品，两者的占比之和达到 5% 左右。所以，我们在分析 CPI 数据时，要着重分析粮食和猪肉的价格波动。

经济整体的冷热对食品价格的波动有两种传导机制。第一种是成本传导，即在食品的生产过程中，由于工人工资上涨或其他原因，上游原材料（如化肥、农药）的生产成本增加，导致食品的成本增加，从而使食品价格上升。第二种是预期机制，当农户看到原材料价格开始上涨后，认为通货膨胀将要发生，产生了未来食品价格也会上涨的预期。所以，他们会减少手中现金持有量，增加持有资产，囤积粮食，延长生猪的存栏时间，造成市场供给减少，食品价格会进一步上升。

生产价格指数——PPI（Producer Price Index），也能反映通货膨胀指标，它衡量的是企业采购一揽子商品和服务（即生产要素）的价格水平。生产要素的价格波动往往领先于经济周期的变化，所以 PPI 是前瞻性指标。要素价格变化会导致企业成本发生变化，这种变化最终会以商品价格发生波动的形式转嫁给消费者，所以 PPI 的变化对预测 CPI 的变化非常有帮助。PPI 的计算方法与 CPI 类似，但是影响因素却不相同。

在研究 CPI 时，因为大部分食品不宜贮藏，并且我国对农产品有贸易保护政策，所以我们只需要考虑国内的市场即可。但是在研究 PPI 波动时，我们需要关注全球的经济环境。因为随着人类信息技术和航运水平的发展，国际贸易的成本逐渐降低，又由于资源分布的限制，像石油、煤炭等自然资源，许多国家依然依靠大量进口才能满足工业发展需要。所以影响 PPI 波动的因素除国内市场需求外，还包括全球的市场需求、美元汇率、大宗商品市场的冲击以及全球航运价格波动等。

我们一般采用经合组织（OECD）[1] 工业生产指数的变化衡量全球工业需求的波动。该指数是一个具有前瞻性的指标，由全球经济合作与发展组织组成，简称经合组织。每月定期发布，一般领先宏观经济周期 6 个月左右。人民币兑美元汇率也是影响 PPI 的重要因素。汇率的波动与 PPI 呈负相关，如果本国汇率升值，其他国家贸易品的价格相对下降，本国企业生产成本更低，则 PPI 就下降。另外，全球大宗商品的价格受地缘政治、战争和自然灾害等因素的影响。如中东地缘政治危机导致全球石油价格上升，石油进口成本增加，会导致我国 PPI 上升。

关于 CPI 与 PPI，我们常在宏观分析报告中看到的一个词汇是 CPI 与 PPI 的剪刀差。这是指随着一个国家工业化进程逐渐发达，农产品和工业品的价格差距会越来越大。当一般物价上涨时，虽然农业品的价格也在上涨，但是上涨的速度低于工业品的价格，而当一般物价下跌时，农业品价格的下跌幅度比工业品价格的下跌幅度要大。如果把这种现象用图像表示出来，在一定时期内 CPI 与 PPI 两条曲线的走势就会形成剪刀的形状。因为 PPI 领先于经济周期，而 CPI 相对滞后，所以剪刀差的出现一般发生在经济转轨时期。

---

① 经合组织由美国、德国、日本等30多个发达国家组成，主要研究世界各国宏观经济。

　　掌握了这些反映通胀程度的指标以及指标的分析方法可以帮助我们对宏观经济形势做出正确判断。尽管中国经济经历了 30 年飞速发展，许多人听到通货膨胀这个词还是会谈虎色变，仿佛突如其来的一场通胀就会使得自己辛辛苦苦攒了一辈子的积蓄付之东流。通货膨胀确实是一种财富转移的手段，国家经济高速增长的同时，货币增发、房地产价格飞涨、消费水平提高等问题都会出现，这就使得财富会从现金持有者向固定资产持有者转移。所以，为了不让通货膨胀毁了我们的生活，我们应该多学习和掌握一些宏观经济知识，在通胀发生时能最合理地配置我们的资产。

　　回顾这一章的思路，我们在做消费、储蓄以及投资决策的时候，需要考虑未来通货膨胀的水平，所以要通过对宏观经济的分析预测未来通胀走势。反映通胀的重要指标是 CPI 和 PPI。PPI 是前瞻性指标，受到全球和国内市场需求、美元汇率、全球大宗商品价格和地缘政治的影响，可以用来做出预测；CPI 是滞后性指标，用于验证我们的模型对经济的预测是否准确，影响 CPI 波动的因素有很多，最应该关注的是食品类价格的波动，其中粮食和猪肉价格又是影响食品价格的重要因素。当 PPI 与 CPI 形成剪刀差时预示着经济处于转型期间，应该谨慎投资。

第三章

投资的基本要素

1. 投资要知己知彼

《孙子·谋攻》："知己知彼，百战不殆；不知彼而知己，一胜一负；不知彼，不知己，每战必殆。"

许多人第一次的投资经历是坐在电脑前面买股票或基金，当他们用颤抖的手在买进的按钮上点下鼠标的时候，也点开了自己百万富翁之梦的大门。有的人每天看财经新闻，研究 K 线，仿佛每一次失败投资都经过了深思熟虑。有的人战战兢兢，无所适从，盲目出手却能换来高额回报。

之前我把投资的成败归因于命运，认为有些人天生运气好，他们在 2005 年 A 股 998 点的时候抄底杀入股市，2008 年北京房产均价 1 万元的时候按揭买房，2010 年用 30 美元买了 1 万个比特币，在 2015 年年底抛售股票投资房产。过去 20 年只要抓住了其中一个机会就可以实现财富自由，改变人生，但回忆起来我们总是在追悔，或是感慨命运的不公。

过了而立之年后，我发现自己已经不再年轻，毕业刚步入社会时梦想的别墅豪车也被现实的大锤拆成了十几平方米的栖身之所和共享单车。而当年一起玩耍总被我欺负的同学们有的买比特币发了财，有的炒股买了房子，我慢慢意识到不能再像买彩票一样盲目投资了。

深入学习宏观经济学后这种感慨更加深刻。虽然预测宏观经济犹如占卜，但是只要掌握了经济运行的逻辑，建立好自己的投资框架，就仿佛学会了占星术、拥有了水晶球，即便预测得不够准确，也可以做到管中窥豹。

在开始投资之前，人们应该先认识清楚自己属于哪种类型的投资者。有些人可能觉得这是根本不需要考虑的问题，难道自己还不了解自己吗？其实不然，人们往往只知道有多少钱拿来投资，却不知道最适合自己的投资策略是什么。

所以，我们需要做一个全面的自我评估，要了解自己如何看待投资中蕴含的风险。有些人是天生的冒险家，寻求刺激时大脑分泌的内啡肽会让他们丧失理智，在投资时他们也会偏好高风险、高收益的产品。有些人谨小慎微，不愿意承担哪怕一分钱的损失，希望有稳定的盈利。

除了性格，风险偏好还取决于人们的年龄、可支配收入以及家庭状况，而这些因素往往被投资者忽略。一个30岁没有孩子的单身青年和同样年龄养育两个孩子的奶爸，风险承受能力是不一样的。

随着个人财富的增长，人们对风险的厌恶程度会下降。如一个百万富翁和一个乞丐花1元钱购买两种彩票，彩票A有10%的概率得到10元，彩票B有50%的概率得到2元，虽然两种彩票的期望收益①相同，但是彩票A比彩票B的风险更大。一般情况下，百万富翁会更偏好于买彩票A，乞丐更偏好于买彩票B。所以，掌握自己的风险偏好真的非常重要。

在进行股票或基金投资时，许多机构会要求客户进行风险承受能力的测试，测试结果有助于证券或基金公司帮助客户更有针对性地管理投资风险。个人对于风险的厌恶程度决定了投资策略的安全性、收益性和流动性。

一般情况下，收益高的产品流动性低，安全性也低，而收益低的产品流动性高，安全性也高。

道家的哲学思想认为万事万物皆有阴阳，即任何事物都有它的对立一面，投资也不例外。投资是零和博弈，自己赚的钱即是对手亏的钱，我们在进行投资时应该先站在对手的角度思考，了解他们是怎样的人。

例如炒股，作为散户，对手是各大基金公司的投资经理，他们的学历很高，投资经验极其丰富，一般散户想依靠自己对股票投资的知识战胜庄家，是非常困难的。

在买房子的时候，对手就是房屋持有者，如果交易的房产是唯一住房，为了换更大的房子才进行交易，那么他对于价格就会非常敏感；如果是投资性房产，房主关注买卖价差，那么在房价快速下跌的时候房主可能会恐慌性抛售。所以了解对手的性格、学历、家庭、风险偏好等情况，可以完善自己的投资策略，大大增加盈利的可能性。

---

① 期望收益等于收益乘以获胜概率。

2. 天上不会掉馅饼

《庄子·杂篇·盗跖》："贪财而取危，贪权而取竭。"

收益越大风险也越大的道理很多人都明白，可是生活中还是有人会掉进各式各样的投资陷阱中。

我母亲是一名普通的国企退休职工，有一天她兴奋地对我讲述自己购买了银行客户经理代卖的一款保险产品。合约的大致内容是，在合同生效后的前三年每年交给保险公司10万元，之后从第四年开始，每年返给投保人3万元，直到投保人去世，如果在返还费用累计低于30万元之前投保人不幸去世，那么剩余的费用依然会返给法定继承人。

我的母亲今年60岁，身体十分健康，自己觉得至少能活到90岁，这样在未来30年，她能获得的收益就是51万元，如果按照中国女性平均年龄来看，她也能获得21万元的收益。这款产品貌似非常划算，因为账面上一定不会亏钱。

相信许多中老年人听完客户经理的推销，了解这款保险产品后，都会欣然掏出银行卡购买并且还觉得自己占到了保险公司便宜。

可是仔细思考就会发现其中的问题。天上不会掉馅饼。保险公司作为盈利性机构，既然可以推出这款产品，就意味着它一定会为公司带来利润，因为每一款保险产品的期望收益都是具有高学历、高智商的保险精算师们精确推算出来的，客户很难赢过精算师、薅到保险公司的羊毛。

我们再仔细计算一下这款保险的收益性，这里要涉及第二章中提到的一个概念，即今天的1元不等于明天的1元，计算收益时我们要把明天的1元贴现到今天，贴现率近似等于银行的基准利率。

回顾一下贴现率的概念，为了刺激经济发展，政府会在市场中投放大量货币，经济增长的速度低于货币增发的速度，就造成通货膨胀导致货币贬值。所以我们在计算投资收益时必须使用折现值。

举个例子，如果年利率是5%，那么明年的10元的价值就相当于今年的9.52元左右（采用连续复利计算）。所以，在第四年后，消费者每年收到3万元投资回报的实际价值，折现值都小于3万元，且每年递减，如表3.1所示。

经过计算，消费者在健康的情况下，合约履行至第19年才能收回投资的本钱。如果贴现率为10%，那么购买这款保险的投资者40年都无法收回成本。考虑到这款产品主要卖给中老年投资者，如果在合约期投保人不幸离世，那么投资的损失将更加惨重。

表 3.1 某款保险产品客户投资收益测算

合约履行年份	投资收益	收益现值（贴现率5%）	累计收益折现
1	−10.00	−10.00	−10.00
2	−10.00	−9.52	−19.52
3	−10.00	−9.07	−28.59
4	3.00	2.59	−26.00
5	3.00	2.47	−23.53
6	3.00	2.35	−21.18
7	3.00	2.24	−18.95
8	3.00	2.13	−16.81
9	3.00	2.03	−14.78
10	3.00	1.93	−12.85
11	3.00	1.84	−11.01
12	3.00	1.75	−9.25
13	3.00	1.67	−7.58
14	3.00	1.59	−5.99
15	3.00	1.52	−4.48
16	3.00	1.44	−3.03
17	3.00	1.37	−1.66
18	3.00	1.31	−0.35
19	3.00	1.25	0.90

我们再简单测算一下保险公司的收益。保险公司在收到保费后，不会让这些钱静静地躺在银行里，而是要把它们投资到收益更高的领域中去，如房地产、股票、债券等，投资的收益率也必然高于银行的无风险收益率，即贴现率。

如果我们按照每年平均投资收益 10% 计算，那么第一年的投资本金等于客户缴纳的保费 10 万元，投资收益为 1 万元，本息和为 11 万元；第二年投资本金等于客户缴纳的保费 10 万元加上一年的本息和共计 21 万元，投资收益为 23.1 万元，依次类推。自第四年后，投资本金需减去支付给客户的 3 万元。

保险公司在合约履行后每年的投资收益递增，在第 19 年投资收益会达到 48.67 万元左右，如表 3.2 所示。真实的收益可能比我们给出的结果稍低，因为还需要扣除各类成本和银行的渠道佣金，但是计算的方法是一致的。所以，我们在进行投资时，除了考虑到投资风险，还应该仔细测算投资产生的潜在收益。

表 3.2 保险公司投资收益测算

合约履行年份	投资本金	支出	当年投资本息和（年平均收益率10%）
1	10.00	0.00	11.00
2	21.00	0.00	23.10
3	33.10	0.00	36.41
4	33.41	3.00	36.75
5	33.75	3.00	37.13
6	34.13	3.00	37.54
7	34.54	3.00	37.99
8	34.99	3.00	38.49
9	35.49	3.00	39.04
10	36.04	3.00	39.65
11	36.65	3.00	40.31
12	37.31	3.00	41.04

合约履行年份	投资本金	支出	当年投资本息和 （年平均收益率10%）
13	38.04	3.00	41.84
14	38.84	3.00	42.73
15	39.73	3.00	43.70
16	40.70	3.00	44.77
17	41.77	3.00	45.95
18	42.95	3.00	47.24
19	44.24	3.00	48.67

　　许多人梦想着能抓到一夜暴富的机会，希望天上掉下的馅饼可以砸到自己，从而去投资表面看上去挣钱的项目，殊不知早已经掉进了对手设下的陷阱里。我们在生活中要时常提醒自己，遇到看上去可以占便宜的投资机会千万要保持警惕。

　　任何一个投资项目的风险和收益都是成正比的。普通人在没有大量资本的情况下，只能通过增加杠杆的方式，用高风险去对赌高额回报，但是随意加杠杆会引发严重的后果。

　　例如，在2015年非常火爆的配资炒股中，投资者向配资机构提供担保物，借钱炒股。投资者有10万元本金，并把这些钱作为保证金抵押给配资公司，借出50万元炒股，即投资者给自己加了一个4倍杠杆，盈亏都算自己的。可是一旦购买的股票价格下跌，超过了预先设定的警戒线，为保证自身利益不受损失，配资机构就会把投资者的账户强行平仓，导致投资者血本无归。

　　贷款买房也是一种加杠杆的操作。100万元的房子首付10%，其余90%分期支付，所以我们用10万元就能撬动100万元的资产，但是需要在未来的一段时间内背负90万元的债务。如果房地产价格下跌10%以上，房价低于90万元，购房者就不会再继续还贷款，从而弃房断供，2008年美国次贷危机的大规模爆发就是由于乱发贷款，房价下跌引起的。

3. 鸡蛋不能放在同一个篮子里

詹姆斯·托宾（诺贝尔经济学奖得主）："不要把你所有的鸡蛋都放在一个篮子里，但也不要放在太多的篮子里。"

了解了投资产品的风险和收益后，我们还要遵循一个很重要的理念，就是不能把鸡蛋放在同一个篮子里。

举个例子，在大航海时代，一个商人要把一大箱黄金从美洲运到英国，那个年代人们还没有发明飞机，海运是洲际运输的唯一选择。假设运输过程中每艘船有 20% 的概率遇到暴风雨沉船，如果选择用一艘船运输，那么商人会有 20% 的概率血本无归，如果选择用两条船运输，那么两艘船同时沉没的概率仅为 4%。

虽然两种运输方式在不考虑运费的情况下期望收益相同，但是用两条船运输使商人面临的风险大大降低了，在同等收益的情况下，理智的商人会选择风险较小的运输方式。

投资也是这个道理，我们不能把全部的资金都投在一个项目或产品里，而是应该进行多元化投资，合理选择投资产品，在保证收益的情况下尽可能降低投资组合的风险。

美国经济学家哈里·马科维茨创立了现代资产组合理论，首次运用数学期望和方差衡量投资组合的收益与风险。期望表示收益的平均值，投资组合的数学期望越大，收益也越大。方差度量数据与均值的偏离程度，方差越大说明收益的波动性越大，风险也越高。

如果不同的投资组合期望相同，那么应选择方差较小的一组；如果不同组合的方差相等，那么应选择期望收益较大的组合。

风险包括系统性风险和非系统性风险。系统性风险是指由政治、经济、社会等因素导致的风险，如央行调整利率、经济制度改革、发生战争、金融去杠杆等。这类风险是我们在投资活动中不能规避的，只有依靠分析宏观经济选择合适的投资时机，进而降低风险造成的损失。

非系统性风险是指发生在个别公司的特定事件或因为公司自身因素造成的风险，包括新产品研发失败、公司投资亏损、发生重大人事变动等，此类风险可以通过采用投资组合的方式有效规避。

比如医药行业的 A、B 两家公司同时研发一种新型抗癌特效药，A 公司研发失败导致市场占有率下降，股价下跌；B 公司研发成功市场占有率上升，股价也随之上涨。如果采用投资组合同时买入 A、B 两家公司的股票，就可以用 B 公司股价的上涨有效对冲 A 公司股价下跌的损失。

在一个有效的投资组合中几乎不存在非系统性风险，理性的投资者会采用投资组合对它们进行规避。但是系统性风险无法分散，需要通过宏观经济的研究择时进行投资。

"不要把鸡蛋放在同一个篮子里"出自美国著名经济学家、诺贝尔奖获得者詹姆斯·托宾教授，但是很多人忽略了后半句话："也不要把鸡蛋放在太多的篮子里。"我们知道采用投资组合的策略，避免资产配置单一化是正确的理财方式，但是投资也不能过于分散。

因为所投资的产品越多，管理成本就越高，收益率也越低。特别是当经济处于复苏期，如果不瞄准一类资产进行投资（如股票），而是把资源分配到各类资产中（如股票、债券、货币基金等），那么当一种资产价格上涨时，往往会伴随着另一种资产价格下跌，这样投资收益就被对冲了，还要搭上许多额外的交易费用和管理成本。

4. 顺势而为

孙中山："世界潮流，浩浩荡荡，顺之则昌，逆之则亡。"

中国人善于遵循自然之律，古人总结了二十四节气来调整生产，规范作息，像立春吃春饼、立秋贴秋膘，本意都是在特定的季节吃特定的食物，在合适的时间做合适的事，体现了不违背天时、顺应自然规律的哲学观。

投资亦是如此，宏观经济形势即为天，经济周而复始地循环，我们应该顺势而为，在适当的时机选择适当的策略。第一章中我们介绍了经济周期包括不同阶段，那么如何运用周期理论进行投资呢？

我们介绍一种经典的根据经济周期指导投资的工具——美林投资时钟，由美林证券在 2004 年的研究报告《投资时钟》中首次提出。美林时钟的主要原理是按照经济增长和通货膨胀趋势，将一个经济周期分为复苏、过热、滞涨、衰退四个阶段。

复苏阶段，经济上行，通胀下行，宽松政策的效果开始显露，人们的需求逐渐增加，企业的生产力增强，利润也缓慢上升，开始采购新设备。投资者对未来的预期变好，所以这个阶段是投资股票的黄金时期，并且经济复苏往往伴随着新技术的出现，因此高新技术如计算机、通信等行业的投资回报率较高。宽松的货币政策会使得利率较低，债券的收益率较高。由于利率下降，市场中投放的货币量增多，货币开始贬值，储蓄的回报率降低。此时过剩的产能还未完全释放，企业仍然积累大量库存，所以大宗商品的价格低迷。综上所述，在经济复苏阶段，投资标的的收益率从高到低依次为：股票＞债券＞现金＞大宗商品。

过热阶段，经济上行，通胀上行，人们的需求持续增长。此阶段经济的增速开始放缓，通胀导致工业品价格上升，因此大宗商品的投资回报率较高。企业库存开始下降，并采购新设备提高产能，可是由于石油、钢材等生产要素的价格增加，工人工资水平上升，企业的成本也随之增加，盈利能力出现下滑。虽然股票的回报率下降，但是与大宗商品相关行业，如矿业、石油等股票表现依然强劲。央行为抑制经济过热开始加息，利率上升导致债券的表现很差，储蓄的回报率有所上升。经济过热阶段，金融资产收益率排序为：大宗商品＞股票＞现金/债券。

滞涨阶段，经济下行，通胀上行。在此阶段经济增长陷入停滞，但由于生产要素价格和工资水平持续上升，通货膨胀率继续增加。由于企业产能过剩库存开始积压，盈利能力减弱，部分企业倒闭导致失业率上升，人们对于未来的预期开始下降，股票价格下跌，此时应该偏向于持有对于需求弹性较小①行业的股票，如医药、公用事业。因为通胀水平太高，央行不愿意放松货币政策，所以高利率使得债券收益维持在较低水平。在滞涨阶段，持有现金是最好的选择，金融资产的收益率依次为：现金＞大宗商品/债券＞股票。

衰退阶段，经济下行，通胀下行。一般认为GDP增速连续3个季度下降经济就开始衰退。在此阶段产能严重过剩使得大宗商品价格下跌，通货膨胀水平下降。过高的失业率导致人们的收入水平降低，需求下降，商品价格低迷，因此企业的盈利状况不佳，股票的回报率也很低，金融股是最好的选择。为了刺激经济，央行会放松货币政策，降低短期利率，使得债券成为这个阶段最好的投资配置。同时低利率也增加了人们持有现金的成本。衰退阶段，资产配置的优先顺序为：债券＞现金＞股票＞大宗商品。

根据历史经验，美林时钟在美国的投资市场十分有效，因为美国号称自由的市场经济，政府对市场的干预程度较低。我国政府拥有强大的调控手段，在经济进入过热阶段时可以及时出台相应措施，避免出现滞涨引发经济危机。虽然在我国的经济环境下美林时钟不能完全指导投资，但是仍然可以为我们制定投资策略提供参考。

---

① 需求弹性是指在一定时间内商品需求量的相对变动对于该商品价格变化的反应程度，需求弹性小的商品一般为生活必需品，如水、食品、医药、交通等。

5. 如何制定投资策略

《礼记·中庸》："凡事预则立，不预则废。"

掌握了投资的时机，我们还需要了解每一类投资产品的风险和收益情况，从而选择适合自己的投资组合。

市场中有成百上千种金融产品，我们不能把每一种都详细分析，但是我们可以按照不同的方式把产品进行分类，先确定好投资标的类别，再从每个类别中选择合适的产品。

第一种分类标准是投资期限，从开始投资到预先确定的投资回收日为止的期限。我们可以根据投资期限长短把金融产品分为短期产品、中期产品和长期产品。短期产品的投资期限一般在 3 个月以内，如短期银行理财、短线股票投资、基金、黄金、外汇、大宗商品 P2P 等，这类产品的特点是容易变现、持有时间较短、流动性较强等。

中期产品的投资期限一般在 3 个月到一年左右，包括定期储蓄、信托、长线股票投资、短期债券等。中期产品的选择需要更加注意投资时机，也是最依靠宏观分析的投资标的。

长期投资是指持有时间一般在一年以上的投资，主要产品包括保险、房地产、长期债券、企业股权等。此类产品持有时间最长，流动性最差，不易变现，持有者需要具备足够的耐心，往往不在意短期价格的波动，较为看重市场长远的发展。

对于同一种投资标的，投资期限越长，风险越大，收益率也越高，因为投资期限较长的标的流动性较差。需要注意的是，期限的长短没有严格划分，我们可以根据自己的投资偏好设定自己的期限分界。

第二种分类标准是所有权属性，投资标的可以分为产权产品，如股票、期权、房产等，和债券产品，如债券、定期储蓄等。债权类产品的风险相对较小，产权类产品的投资收益较大，但风险也相对较大。

第三种分类标准是按照预期收益把金融产品分为固定收益产品与非固定收益产品。前者包括各类债券和信贷产品，其余都属于非固定收益产品，如股票、基金、期权等。

所谓固定收益是指为了规避利率和汇率风险，金融产品发行时按事先约定的比例支付收益，如债券发行时都会约定一个固定不变的利率。

但是固定的收益是相对的，购买了固定收益产品的客户并不能完全规避市场风险。例如，为了吸引投资者，债券发行时的利率一般会高于同期的市场利率，但是当投资者购买债券后，如果央行加息，市场利率下降，则债券的价格也会下降，投资者在卖出债券时获得的收益就下降了。

以上只是市场中普遍认可的分类标准，我们在进行投资时，也可以根据自己的偏好制定一套属于自己的分类方法，给金融产品分类的主要目的是我们要选择不同类别的产品进行分散投资，完善自己的投资组合。

本章我们介绍了如何制定自己的投资策略。首先我们要根据自身的个人情况，掌握自己的风险厌恶程度，评估自己的风险承受能力。其次我们要站在对手的角度，掌握交易对手的特点，做到知己知彼，百战不殆。

我们还要权衡每种投资标的的风险和收益、投资期限的长短等特点，选择适合自己的投资产品，合理配置资产组成投资组合，通过市场组合的形式有效规避掉非系统性风险。

对于系统性风险，可以采用美林时钟或其他周期投资工具，分析当前宏观经济形势，并对未来的市场走势进行预判，据此选择合适的时机进行投资。

个人风险偏好、交易对手特点、市场组合的选取和投资时机的选择构成了最基本的投资策略。但是宏观经济千变万化，中央政府会随时根据经济整体形势出台相应政策进行调整。

下一章我们将介绍政府干预经济的主要手段以及对经济进行调控的主要政策内容。了解宏观调控政策对于我们构建和调整投资策略具有十分重要的指导意义。

第四章

宏观经济政策的简单分析

1. 公交车司机的目标

约翰·梅纳德·凯恩斯（宏观经济学之父）："从长远看，我们都死了。"

在掌握了利用经济周期配置资产组合的工具后，我们还应该了解政府的政策如何对经济周期进行调控。宏观政策的实施会影响宏观经济的走势和资产价格的变动，了解了政策调控的目标和作用，对于个人投资非常有帮助。

如果一国的资本市场不够完善，那么要想实现高速的经济增长就需要政府对经济进行强有力的干预。过去 40 年，我国的改革开放事业取得了辉煌的成就，使中国的 GDP 跃居世界第二位，正是由于中央政府在合适的时机实施了相应的经济政策，所以无论是 1997 年的亚洲金融风暴还是 2008 年的美国次贷危机，对于中国经济都没有造成很严重的影响。

一般认为，政府在进行宏观政策调控时要遵循 4 个主要目标，分别是持续均衡的经济增长、物价水平稳定、充分就业和国际收支平衡。

（1）持续均衡的经济增长

第一章中我们把一个经济体比喻成一辆公交车，政府就是汽车驾驶员，那么这个驾驶员制定政策的目的就是要让汽车一直快速地跑下去，这就是持续的经济增长。经济增长是指在一个特定的时期内，社会人均产量和人均收入持续性地增长，通常用人均 GDP 的指标进行衡量。持续的经济增长通常有两个层面，一是经济增长率较高，二是经济增长能力具有持续性，如我国自 2000 年至 2011 年，GDP 增长率一直在 9% 以上，2011 年之后的经济增速有所下滑，但都保持在 7% 左右的水平。

近 20 年来，我国经济增长主要依靠房地产和基建行业的拉动，不仅增长率较高，也具备一定的持续增长能力。经济增长虽然可以增加社会福利，但并不是越高越好。由于经济增长受到各类资源和条件的限制，高增长的同时会带来居民环境污染、工作压力增大等各种问题。经济增长是宏观经济这部大风车在不同周期之间轮转的重要风向标，所以维持一个健康的经济增长速率具有十分重要的意义。

（2）物价水平稳定

公交车在行驶时，乘客要买票才能乘车，为了保证乘客的利益，司机不能随便涨票价，否则票价贵了，乘客不再坐车，公交车也运营不下去了，所以司机要保持票价的稳定。

物价水平稳定指社会总体物价在一段时间内不会有大幅度的上涨或下跌。在上一章中我们介绍过，一般用 CPI 和 PPI 等物价指数以及通货膨胀率来衡量价格水平的变化。价格稳定并不是让每种商品的价格固定不变，也不是让通货膨胀率为零，而是让价格指数的变化相对稳定，通货膨胀率维持在一个较低且稳定的水平，一般在 1%~3%。

如果通货膨胀水平过高，就会造成恶性通胀，从而引发一系列社会问题，如 1945 年国共内战爆发后，国民党政府采取了极为宽松的货币政策，滥发货币使得国民经济遭到严重破坏，并导致了中国历史上最为严重的通货膨胀。类似事件还有发生在 2008 年津巴布韦以及 2018 年在委内瑞拉等国引发的恶性通货膨胀。

2018 年，委内瑞拉的通胀水平达到了史无前例的 1 000 000%，假设在物价平稳的年份，该国一个鸡蛋卖 1 元，那么在 2018 年一个鸡蛋就要卖到 100 万元。委内瑞拉一名 43 岁的女护士说道："我们每个人都是百万富翁，但工资勉强只买得起一公斤肉。"

（3）充分就业

现在我们假设在高速运行的公交车上有老人、小孩以及年富力强的青年人，青年人要尊老爱幼，帮助维护好车厢卫生和秩序，这就是他们的工作。每个青年人都有自己的工作，实现了充分就业时，车内的环境才能更好。

充分就业是指愿意工作的人都能够以自己满意的工资找到一份工作，即消除了非自愿失业。非自愿失业又称需求不足的失业，主要包括三种类型，

分别是摩擦性失业、结构性失业和周期性失业。

摩擦性失业一般是指因季节性或技术性的原因而引起的失业。在经济波动的过程中，工人寻找适合自己爱好和技能的工作需要一定时间，或者因为城市经济发展，工人希望从农村迁移到大城市工作，工人和工作相匹配的过程需要一定时间，所以摩擦性失业是不可避免的。近年来，我国大学生毕业后出现就业难的问题，而某些地区却面临着严重的技工荒就是摩擦性失业的一种体现。

结构性失业是由于经济结构的变动导致的失业。经济产业在出现结构性调整时，要求劳动力市场的结构特征与社会对劳动力的需求相吻合。例如我国在 2017 年出现产能过剩，如果政府调整产业结构淘汰落后产能，传统行业如钢铁、水泥、电解铝、平板玻璃等行业的从业者就会面临失业，而环境、大数据、新能源、新零售等新兴行业的社会劳动力需求不足，结构性失业就会有所上升。

周期性失业是由于总产出水平下降造成的总需求不足从而引发的短期失业，一般出现在经济周期中的萧条阶段。在经济复苏及繁荣期，各企业纷纷增产扩编，招聘更多的工人，就业人数上升。到了经济衰退和萧条阶段，总需求不足，各企业又缩减产量，有些企业甚至倒闭，大量裁减雇员导致失业率增加。

宏观经济政策调控的总体目标是降低结构性失业和周期性失业，而摩擦性失业属于正常的经济现象，不可避免。充分就业通常被认为是宏观经济调控最重要的目标，我国国家统计局每月会定期公布城镇失业率数据。

（4）国际收支平衡

国际收支平衡是指在国际贸易中一国的出口数量与进口数量相等，即国际收支净额与净资本流出的差等于零。通俗的讲，中国的企业向美国出口商品，会收到美国企业支付的美元，但是因为美元在我国不能流通，所以需要在银行把美元换成人民币才能用于购买原材料或支付工人工资。同理，如果我国的企业向美国的企业购买产品，我们需要先在银行把人民币换成美元，再支付给外国企业。银行收到的外汇即为我国的外汇储备。

为稳定汇率，防止资本外流，我国一直实行较为严格的外汇管理体制。

目前，我国外汇管理框架是人民币经常账户可兑换，资本账户部分受管制。经常账户是对实际资源在国际间的流动行为进行记录的账户，即为国际贸易账户；资本账户是指对资产所有权在国际间的流动行为进行记录的账户，包括固定资产、金融资产和非金融资产等。当一国的经常账户和资本账户的差额为零时，国际收支就达到了平衡。

国家的宏观调控政策通过调整国内货币的利率，调节资本账户的流动，以弥补经常账户的顺差或逆差。举个例子，如果一国出现了经常性贸易顺差，国内企业的出口数量大于进口数量，大量资本流入，为实现国际收支平衡，央行需要降低国内货币的利率，就使得持有国内货币的收益降低，造成资本流出。

由于经济发展情况和国情不同，各国政府对于宏观经济调控的总体目标也不相同。2014 年召开的中共中央政治局会议中指出，我国宏观经济政策的长期目标是稳增长、调结构、惠民生、防风险，保持宏观政策的连续性和稳定性，促进社会进步和发展。

无论政策目标如何制定，政府进行宏观经济调控的目的往往是在短期内使经济恢复平稳增长，但是有一些政策虽然解决了燃眉之急，而从长远看，又将对经济造成深远的不利影响。20 世纪 30 年代，有许多声音批评凯恩斯的通过刺激总需求带动经济增长的短视行为，治标不治本。针对这种批评，凯恩斯说出了那句名言："从长远看，我们都死了。"

2. 政府怎么花钱

> 美国华盛顿国立气象研究局："当我们做对了，没有人会记得，当我们做错了，没有人会忘记。"

中央政府一般通过财政政策和货币政策实现对宏观经济的整体调控。财政政策一般由国家主管财政的部门制定，用于指导一国财政分配活动和处理各种财政分配关系，是调节政府收入和支出水平的重要工具。每年政府工作报告中公布的财政数据，总像是蒙着神秘面纱的少女，令人懵懵懂懂。但是国家财政是国家治理的基础，读懂财政数据对于宏观经济分析非常有帮助。本节主要介绍我国的财政政策和财政制度以及相关政策的实施对宏观经济的影响。

（1）财政预算制度

政府在确定每年的财政收入和支出分配时，不能盲目定夺。国家要从社会产品中收取多少，通过何种方式收取，收上来的资金用在哪些地方，达到什么效果，都要事先做好估算，并通过国家相关部门在特定的法定程序下予以批准。

我国的财政预算的基本程序包括编制、审批、执行、决算四个过程。中央政府每年年中开始下一年预算的编制工作。国务院向各大部委及地方政府下达预算编制工作通知。我国通常实行一级政权一级财政，设立中央、省（自治区、直辖市）、市（自治州）、县、乡（镇）五级财政预算，各级政府采用"两上两下"的预算编制过程编制预算并提交全国人大审议。

其中"一上"是指支出部门在收到财政部门的预算编制通知后对部门下一年度的收支进行测算，并报给财政部门；"一下"是指财政部门收到测算后进行审查，并给出一个预算控制数，要求各部门修改预算；"二上"指各部门根据财政部门给出的预算控制数修改预算并再次上报，由地方人大常委会初步审议通过，提交给每年的全国人民代表大会进行审查；"二下"指人大通过预算后，由财政部门批复给各部门，开始执行预算。

在每个会计年度末，各级政府还要对当年财政预算的执行情况进行总结，进行财政决算编制工作。财政决算财政预算从政府决策、计划设计、组织实施、控制管理等各阶段的最终结果，可以反映财政收支是否做到了收支平衡。财政决算是编制下一年度财政预算草案的基础，年度财政决算编制工作完成后，还要通过国家审计部门对中央和各级政府的审计。

我国的预算管理类别分为一般公共预算、政府性基金预算、国有资本经营预算、社会保障基金预算。我们分别从财政收入和财政支出两个层面对四类预算进行介绍。

财政收入是衡量一国政府财力的重要指标，决定了政府向社会投入公共品和服务的范围及数量。国家为了维持政府正常运转，需要投入各种人力和资源，但是国家不是生产单位，不直接从事生产活动，因此必须借助自身的政治权力强制性征收一部分社会资源，以满足各方面支出的需要。按照政府取得收入的形式对财政收入进行分类，我国财政收入主要包括一般公共预算收入、债务收入、国有资产收益、社保基金收入、政府性基金收入，地方政府的收入，还包括中央对地方政府的转移支付。

财政支出也称为公共支出或政府支出，是政府为了履行其职能，向社会提供公共品和服务满足社会共同需要，对收集上来的财政资金进行支配和使用的过程。西方经济学中财政支出一般分为购买性支出和转移性支出两个类别。

购买性支出是政府为执行相关职能或进行投资活动所需采购的商品或劳务，即宏观经济学中的政府购买。转移性支出又叫转移支付，是政府为平衡地区贫富差距，实行对外援助的重要手段，包括对外捐赠，国内政府对家庭的转移支付如养老金、住房补贴，还有各级政府之间的财政资金转移等形式。

我国中央政府的财政支出主要包括国防经费、中央国家机关行政管理费、国家统管的基础设施建设投资、中央安排的农业支出、国家债务的还本

付息、对地方政府的税收返还和转移支付，以及文化、教育、医疗、科技等各项事业费用。地方政府的支出有地方行政管理费、地方的基础设施投资、城市维护和建设经费以及地方对于文化、教育、医疗等各项事业费用支出等。

（2）一般公共预算

一般公共预算包括收入与支出两个层面。一般公共预算收入是以税收为主体的财政收入，主要用于推动社会发展、保障并改善民生、维护国家安全以及维持国家机关正常运转等方面的收入预算。2017 年我国一般公共预算收入为 17.3 万亿元，其中税收收入 14.4 万亿元，占比超过 83%。

税收是最重要的收入形式和收入来源，与其他收入形式相比，税收具有强制性、无偿性和固定性的特点，即税收按照国家法律规定征收，一国的公民必须依法纳税，否则会受到法律制裁，且国家也不会向纳税人直接支付任何报酬。

国家财政政策工具通过直接调节税率、收税对象、税目和税率影响宏观经济。税收调节对经济调控有着十分重要的作用。首先是对经济结构和特定行业的影响。例如国家对香烟征收烟草税，微观层面直接导致了香烟相对价格的上涨，降低了香烟的消费量，从而传导至宏观层面对整个烟草行业的利润产生影响。

其次是对进出口贸易也会产生影响，一国对进口商品加征关税，会减少进口量，保护并促进本国厂商的发展。需要注意的是，国家征收进口关税并不是向外国企业征收，而是由海关部门对购买外国商品的本国企业或个人征税。如 2018 年爆发的中美贸易摩擦，中国提高了对美国进口车征税的税率，个人在购买特斯拉等美国品牌汽车时需要缴纳更多关税，也直接导致了特斯拉公司的电动车在华销量大幅下降。

从改革开放至今，中国税制经历了两步利改税、利税分流、费改税、分税制、营改增等各种形式的改革。税制改革可以提高效率，使经济体制适应市场环境。目前，我国实行的是分税制，根据征收管理权和收入分配权，将税收分为中央税和地方税两部分，收入充足并且稳定的税种作为中央税，地域性质较强的税种作为地方税。

中央税又称国家税，由国家中央政府统一制定征收。中央税包括消费税、关税、车辆购置税、证券交易印花税等。地方税包括土地增值税、城市建设维护税、房产税、耕地占用税等税种。而企业所得税、个人所得税、资源税、营业税、增值税等则由中央和地方政府按特定比例共享。

一般公共预算支出由三部分构成，分别是全国一般公共预算支出、预算稳定调节基金和结转下年支出的财政盈余资金。其中预算稳定调节基金相当于各级政府的储备金，用于弥补收支缺口。各部门在编制预算时并不编制后两项的具体数额，而是在完成预算决算后视当年的财政收支和赤字情况决定这两个科目的实际规模。

全国一般公共预算支出包括中央一般公共预算支出和地方一般公共预算支出，中央支出包括中央本级支出、中央转移支付、中央储备费三部分。中央的转移支付是中央支出的大头，每年的占比都超过 60%。

1994 年，我国实行分税制改革后从西方引进了转移支付的概念，形成了我国的转移支付模式，主要包括一般性转移支付、专项转移支付和税收返还三个组成部分。一般性转移支付是中央政府对有财力缺口的地方政府的补助，用于均衡贫富差距，地方政府可以自行统筹安排使用。专项转移支付是中央政府为实现特定的宏观政策目标补助给地方政府的专项补助，专项资金在某种程度上指明了用途，地方政府需按照规定专款专用。

税收返还指的是中央将收缴上来的税收，按照核定的各地区所得税基数返还给地方政府，或中央根据即征即返、先征后返等方法向企业返还税款，实施税收优惠补贴，体现了我国税收"取之于民，用之于民"的政策。

（3）政府性基金预算

政府性基金预算是我国财政预算体系的重要组成部分，是国家通过向社会征收以及出让土地、发行彩票等方式取得的收入，并专项用于支持基础设施建设和经济发展的财政收支预算。

政府性基金预算具有以收定支、专款专用、结余结转的使用原则。各项基金根据规定用途安排，不调剂使用，也不设赤字，如果基金预算收入不足，可以使用前一年结余资金，如果基金预算收入超过预算支出，则结转下年继续使用。

政府性基金收入由全国性政府基金收入、地方政府专项债务收入和上年结转收入三部分构成，其中全国性政府基金收入包含中央和地方政府性基金收入。中央政府性基金收入总量为中央本级收入、地方上缴中央收入和上年结转收入之和，地方政府性基金收入总量为地方本级收入、中央对地方的转移支付和地方政府专项债务之和。地方政府专项债务的发行和构成我们将在政府债务中详细介绍。

我国政府性基金收入的主要来源是地方政府性基金收入中的土地出让金。土地出让金是各级政府土地管理部门将土地使用权出让给土地使用者时收取的土地出让价款，也就是我们平常所说的地价。地方政府土地出让金的收入与该地区一段时间内的房产价格密切相关，因为政府出让土地采用挂牌出让、公开竞标的方式，随着土地出让金的水涨船高，房价也会随之上涨。

政府性基金支出也由中央支出和地方支出两部分构成，全国政府性基金支出总额等于中央支出加地方支出再减去中央对地方政府的政府性基金转移支付。政府性基金支出的原则是专款专用，主要用于国家基础设施建设以及文化、教育、医疗等专项事业开支。

（4）社保基金预算与国有资本经营预算

社保基金预算是政府专项用于社会保险的预算，设置社保基金预算可以维护各类社会保障基金的安全，防止挤占、挪用等现象的发生，并节省管理成本，防止资金流失，同时便于国家对各项社会保险基金收支活动进行统一安排与协调，合理规划，以实现基金收支平衡。

社会保险基金主要包括基本养老保险基金、基本医疗保险基金、工伤保险基金、失业保险基金和生育保险基金五大类，即我们平常所说的五险。在我们第一章提出的模型中，政府要求年轻人缴纳社会保险，并在当期发放给老年人就体现了社保基金的运作模式。

社保基金一般有三种筹集方式：现收现付制、完全积累制和部分积累制。现收现付制指的是社会保障机构根据当期所需支付的保险金进行社会筹资，以支定收不留积累，是大多数国家采用的筹集方式；完全积累制是个人在参加工作后，由雇主和雇员或其中一方定期缴纳保险费，作为长期储存积累及保障增值的基金记入个人账户，在达到领取条件如退休后一次性领取或按月领取的方式；部分积累制是前两种方式的组合，即一部分采用先收先付制度满足当前需要，另一部分采用完全积累制满足未来支付，是我国主要采用的社会保障基金筹集模式。

国有资本经营预算是政府对国有资本实行存量调整和增量分配的重要手段，国有资本收入包括国有企业上缴的利润、国有资产转让收入、国有企业清算收入以及其他形式的国有资本收入。国有资本支出包括向新设或现有国有企业注入的资本金支出和弥补企业改革成本的费用性支出。

（5）政府债务

财政政策调节宏观经济的另一个重要工具是政府发行公债。政府通过以主权作为担保，向国内的企业和个人借债，也可以向中央银行或国外机构借债。中央政府发行的债务为中央债，也就是平时我们所说的国债；地方政府发行的债务称为地方债。截止到 2017 年年末，中国政府债务余额为 29.95 万亿元，其中中央政府的国债余额 13.48 万亿元，地方政府的债务余额 16.47 万亿元。

中央政府发行国债的主要作用是平衡财政收支。一般来讲，平衡财政可以通过增加税收、增发货币或发行国债的方法，虽然政府发行债务和税收的效果是一样的，可是前两种方式对经济造成的直接影响太大，政府一般会谨慎使用。因为增加税赋会导致短期内企业的成本增加，个人的消费下降，对当前经济造成冲击，而增发货币虽然方便，但是会引发通货膨胀。所以，政府通常采用发行国债的方法，吸收企业和个人的闲置资金，填补财政赤字。

地方债是指地方政府及地方公共机构发行的债务。地方债以当地政府税收作为还本付息的担保，一般用于交通、通信、医疗、教育、环境治理等地方性公共设施的建设。地方债包括显性债务和隐性债务两部分。显性债务是指基于权责发生制建立在法律或合同基础之上的债务，当债务到期时，政府具有清偿的法定义务。各地方政府的财政部门每年公布的债务数据均为显性债务数据。

2015 年，我国新预算法实施后规定地方政府举债的唯一途径是发行地方政府债券。自此地方政府债务纳入预算管理，受到中央严格把控。但是地方政府又有较重的公共设施投资压力，于是各地政府采取其他方式变相举债进行融资，导致了隐性债务的产生。隐性债务是指政府没有法律或合同明确要求地方政府承担清偿义务的债务，或政府只承担一定比例的债务。根据一些学者和机构的测算，截止到 2017 年年底我国地方政府隐性债务的规模在 35 万亿元左右，已经超过了显性债务规模。

政府债务规模对于宏观经济的影响举足轻重。首先，公债与税收从长期来看并无本质上的区别。英国经济学家大卫·李嘉图在《政治经济学及赋税原理》一书中指出，虽然从表面上看，政府税收筹资和债务筹资并不相同，但是政府当下以任何形式发行的债务，在将来都要进行偿还。

所以，公债并不是净财富，无非是延迟的税收，在一定条件下税收与债务从本质上来看是等价的，二者对宏观经济的长期影响也大致相同，这就是著名的李嘉图等价。

其次，国债收益率和价格的变化对市场中其他资产价格的波动也会产生很大影响。在发达国家，金融市场比较稳定，长期国债收益率被认定为无风险利率，是各类资产定价的基础，尤其是十年期国债收益率是金融市场定价的锚。如果十年期国债收益率上升，则其他资产的收益率也必须上升，否则人们会纷纷转投无风险的长期国债，所以其他资产的价格必定下降。债券收益率和价格与利率的变化关系十分复杂，我们将在第七章详细介绍。

在进行投资时也要时刻关注地方政府债务情况，特别是地方政府隐性债务，如果地方债务过高，不仅会加重财政负担，还会引发一系列金融风险，对资本市场造成很大冲击。

（6）财政赤字里的秘密

衡量政府财政状况的一个重要指标是财政赤字，即政府财政收入与财政支出的差额，在会计核算中一般用红字表示负值，所以叫财政赤字。财政赤字的大小对于判断国家财政政策的方向和力度具有十分重要的意义，是分析宏观经济的重要指标。一国之所以会出现财政赤字有多种原因，一方面是政府刻意为之，为了刺激经济发展从而降低税率，扩大财政支出；另一方面是财政管理不当，导致过度浪费或偷税漏税。

财政赤字积累过多，会给政府带来过大的负债压力，对于国民经济的长期发展非常不利。财政赤字会造成货币贬值。一方面，如果一国财政赤字加大，说明政府刺激经济扩大总需求，使得总需求大于总供给，多余的需求只能通过进口外国产品弥补，所以会导致国际收支逆差，本币贬值。

另一方面，政府还会通过通货膨胀降低财政赤字。假设一个消费者购买了面值 100 元，收益率 3% 的国债，到期后政府需要连本带息支付 103 元。但是，如果政府超发货币，引发通货膨胀使得货币的实际购买力下降，在未来 103 元只与当前 100 元的价值相等，相当于国债持有者的实际财富变少了，政府的财政赤字也下降了。国债持有者财富减少的部分相对于政府征收的通货膨胀税。所以，财政赤字规模越大，通货膨胀率越高，政府对国债持有者征收的通货膨胀税也越高。

与通货膨胀相似，利率的波动对财政赤字也会产生影响。我们之前提到，利率与国债的价格呈负相关关系。当利率升高时，现存国债余额的市场价值就会降低，票面价值也会降低。因此，政府还会通过调整利率的方式影响财政赤字，我们将在下一节的货币政策部分详细介绍政府对利率的调控。在经济处于某些状况时，单纯地依靠财政政策进行调控已经不能发挥作用，甚至会给经济带来负面影响。所以，我们还需要通过货币政策进行配合。

从零开始学投资

3. 钱从哪里来

刘基（明朝政治家）："币非有用之物也，而能使之流行者，法也。"

货币政策是中央政府调控宏观经济的另一个重要手段，一般由一国的中央银行执行。央行通过调节货币供应量，影响市场利率及市场中的信贷供应程度来间接影响总需求，使市场达到总需求与总供给相等的均衡状态，并保持货币币值的整体稳定，即完成了货币政策的具体目标。货币政策包括利率政策、信贷政策、外汇政策以及其他一系列影响市场中货币数量的方针和措施。在具体介绍货币政策之前，我们需要先了解货币的性质和职能。

（1）认识货币

货币，本质上是一种特殊的商品，但是具有其他商品不具备的性质和特点。价值尺度，货币自身能够计量，可以用于衡量和比较各种商品的价值。一瓶矿泉水值2元，一栋北京市二环内的房子值500万元，都是货币作为价值标准的体现。因此，货币的价值尺度赋予了商品价格的属性。

货币发挥价值尺度职能的前提是货币要具有独占性和排他性，即政府只承认使用一种货币计量全社会商品的价值，而不能同时采用其他商品计量。因为经济学中存在一个"古老"的原理——劣币驱逐良币。在古代，金、银作为市场中主要的流通货币同时存在，但是金银本身价值的变动和两种兑换比例时刻保持不变，就产生了劣币驱逐良币的现象，使得复本位制无法实现。举个例子，如果金银的兑换比例是1：10，当银的开采成本下降，从而导致银的价值下降时，人们就会按相等比例把白银兑换成黄金，然后把黄金贮藏起来。最后市场中流通的只有价值低廉的白银，实际价值较高的黄金则退出了流通市场。

我国的国情比较特殊，实行一国两制三货币，虽然人民币、港币和澳门元都是法定货币，但是它们流通的市场不一样，香港和澳门作为特别行政区拥有独立的政府机制。港币与澳门元在中国内地也以外币对待，所以不会产生劣币取值良币的现象。

货币还具有流通手段的职能。在流通手段的作用下，商品与商品之间的交换不再是物物交换，而是以货币为媒介进行交换。商品所有者需要把自己的商品换成货币，再用货币换取其他商品。货币的流通手段使得商品的交换变为买和卖两个独立的环节，如果两个环节发生脱节，就会出现供求失衡的情况，导致商品的价格发生变化。

买和卖的出现，赋予了货币支付手段的职能。如果在买卖的过程中不伴有商品和金钱的同时交换，或交换不发生在同一地点，如赊购赊销、支付债务、工资发放、支付房租等，那么都是货币支付手段职能的体现。

货币的另一个重要职能是价值储藏，指的是货币的购买力可以长期储存，即货币暂时退出流通领域时处于静止状态，价值保持不变。当市场中供求不相等时，货币的贮藏手段可以自发调节货币供应量。当流通中的货币需求下降时，多余的货币会被储藏起来，退出流通；当流通中货币的需求增加时，部分被贮藏的货币就会进入流通市场。

（2）货币供应量的计量

如何衡量市场中流通现金的多少呢，我们一般采用 M0、M1 和 M2 三个指标统计货币供应量。其中 M0 是指流通中的现金，是银行体系以外各个单位的库存现金和居民的手持现金之和；M1 是 M0 加上企业在商业银行的活期存款，也是狭义的货币供应量；M2 是 M1 加上企业在商业银行的定期存款和个人在银行的各项储蓄存款，也是广义的货币供应量。M2 与 M1 的差额，即单位的定期存款和个人的储蓄存款之和，通常称作准货币。

M0 与消费密切相关。M0 越高说明老百姓手里的资金越充裕，消费倾向就越高。M1 反应了个人和企业资金的变化情况，M1 越高，说明企业资金充裕，会开始加大投入，未来预期会出现经济增长。所以，M1 是经济周期的先行指标。M2 的流动性最弱，反映了社会总需求和通货膨胀的变化。

（3）货币政策"三大法宝"之——公开市场业务

在了解了货币的职能和计量方式后，下一步我们将从货币的发行与流通过程入手介绍宏观调控的主要货币政策工作。

我们都知道，中央银行是一个国家唯一有权力发行货币的机构，中国的央行是中国人民银行，美国的央行是美国联邦储备系统，简称美联储。

央行发行货币，并不是一纸命令发给印刷厂，工厂就马不停蹄地开动印钞机印钱，然后把成捆的钞票洒向市场。货币进入市场的唯一途径就是借贷。举个例子，国家为了平衡国库收支，需要发行100亿元债券弥补财政赤字，于是财政部门就在纸上写借款100亿元，再加盖官方公章，这就是国债。

政府把100亿元的借条送到中央银行作为抵押，央行收到借条后，印发100亿元的货币交给政府，政府再把钱存入自己的央行账户即国库中，这些钱存入银行后就变为合法的货币。政府可以用它进行投资或组织开展各项国家管理工作，如组建军队、建设机场，这样，货币就流向了市场。

当然真实的货币发行过程复杂的多，各类银行或非银部门都会通过各种途径向央行借出货币，并且在许多国家为了保证货币政策的独立性，往往不允许央行在一级市场上直接购买政府债券。

央行投放货币的另一个渠道是外汇占款，也是我国央行投放货币的主要方式。外贸企业在国际市场中赚了美元，需要在国内通过商业银行换成人民币。具体流程是企业把美元存入商业银行，商业银行与中央银行结汇，中央银行印出等值的人民币交给商业银行，再存入企业账户。央行发行的货币投放到市场后，它的价值从何而来呢？新增发的货币会偷取已经在市场中流通货币的价值，使现有货币贬值，形成通货膨胀。

我们钱包中的每一张钞票都是各类机构向银行借贷得来的，这些货币最终都要还给银行，并且在还本的时候还要支付利息。为了偿还这些利息，政府就需要向央行借出更多的货币，这就是通货膨胀为什么不可避免的根本原因。

央行在市场上买入或卖出有价证券和外汇过程就是央行的公开市场操作，是中央银行吞吐基础货币，调节市场流动性的主要货币政策工具之一。公开市场业务包括人民币业务与外汇业务。如果央行在市场中卖出国债或其他有价证券，回笼货币，则称为央行的正回购；央行向市场中投放 100 亿元的货币，换回 100 亿元的国债票据或其他等值有价证券，增加了流通中的货币，称为央行的逆回购。

（4）货币政策"三大法宝"之二——存款准备金

政府从央行收到货币后，可以向社会投资或给公务员支付工资。企业和个人收到钱款后不会以现金的形式把钱留在身边，而是要把大部分资金都存入银行。中央银行不开展针对企业和个人客户的业务，所以国家就设立了商业银行。

商业银行可以吸收存款发放贷款，存款增加给银行带来负债，存款减少会增加银行资产，这一点十分容易混淆。这里我们举一个例子帮助读者理解。我国古代的钱庄相当于今天的银行，商人携带大量的金银出行很不方便，于是就会把金银寄存到钱庄，钱庄收到后给商人开具一个收据，写明收到黄金和白银的具体数量，这个收据就是银票，银票与金银一样，可以用于交易和流通。这个过程与现代人储蓄的行为没有本质区别，银票就是货币。

商人把金银交割给银行换取货币，银行获得了金银等资产，所以取钱使银行资产增加。如果商人拿银票换回存在银行的黄金和白银，则银行失去了金银资产，获得了货币或票据，所以存钱是银行的负债。换言之，凡是造成银行现金流入的业务都是负债业务，使银行现金流出的业务都是资产业务。

假如企业在收到政府 100 万元工程款后全部存入银行。商业银行是以营利为目的的机构，在取得 100 万元存款后，它们会第一时间把钱以贷款的形式发给社会中需要资金的企业或个人。银行需要向存款人支付存款利息，向贷款人收取贷款利息，两个利息的差即为存贷利差，就是商业银行的利润。

但是国家有规定，银行不能把 100% 的存款都贷出去，需要留有一定比例的资金储备，以防止在有人需要现金时可以安全地把钱从银行取出来。这个比例就是国家规定的法定存款准备金率，这部分资金储备即为存款准备金。比如法定存款准备金率为 20%，银行只能把 100 万元存款中的 80 万元向社会发放贷款，剩下的 20 万元，需要作为存款准备金存到中央银行，中央银行根据存款准备金利率向商业银行支付利息。

申请贷款的企业或个人在拿到资金后，还会把 80 万元存入银行。银行再根据国家规定，把 80 万元的 20%，即 16 万元作为存款准备金，剩下的 64 万元再作为贷款流入社会。这个过程一直持续，100 万元存款最终可以派生出 500 万元（100/20%）的流通货币。所以，中央银行的初始货币投放量与社会最终货币的流通量存在数倍扩张的乘数效果，即货币的乘数效应。其中 1/20% 称为货币乘数，也就是 1 除以法定存款准备金率，表示 1 单位存款可以派生出多少单位流通资金。

实际中，货币乘数通常不等于法定存款准备金率的倒数，有时两个指标甚至毫不相关，这是因为商业银行不会把全部的准备金都借贷出去。在经济萧条期，现金为王，各机构都缺乏流动性，大多数商业银行会选择持有现金，增加存款准备金，使货币乘数下降。

这就是中央银行调节货币流通量的第二个重要手段，即调整法定存款准备金率。但是因为货币乘数效应，这种调整方法带来的效果太强烈，调整范围也涉及市场中所有商业银行，不具有针对性。除非经济状况十分危急，如遭遇非常严重的经济大萧条，否则央行一般不会轻易变动存款准备金率。

为了有效调控货币市场流动性，我国央行鼓励商业银行提高存款准备金的存储比例。高出法定要求的存款准备金，央行也会计付利息，这部分准备金称为超额存款准备金。央行通过调节存款准备金和超额存款准备金的利率间接调整货币流通数量。

（5）货币政策"三大法宝"之三—— 再贴现业务

中央银行控制货币流通量的第三个利器是再贴现业务。再贴现不仅可以限制商业银行的信用扩张，影响商业银行筹资成本，控制货币供应总量，而且可以按国家产业政策的要求，有选择地对不同种类的票据进行融资，促进结构调整。再贴现业务的交割对象是商业银行的各类票据，在介绍再贴现操作之前，我们先对商业银行的票据业务做一个简单的介绍。

在企业的日常经营活动中，为了缓解企业压力，商业银行会通过票据业务帮助企业周转资金。例如，A 公司需要花费 100 万元向 B 公司采购一些设备，但是 A 公司账户中现金不足，有一笔应收账款半年后才能到账。于是它找到公司账户开立的银行，让银行给 B 公司开具一张说明，承诺凭着这张说明，该银行在半年后会无条件支付 100 万元。有了银行的承诺，B 公司就可以放心地把设备卖给 A 公司了，这份说明就叫银行承兑汇票。

但是银行可不会平白无故帮助企业出具承兑汇票，银行除了掌握 A 公司的账户情况外，还会调查公司的经营情况，在确保 A 公司可以按时付款后，银行还会根据该公司的信用等级要求它缴纳一笔保证金，缴纳比例一般在 30% 左右。A 公司除了要保证银行账户里一直有 30 万元现金之外，还要在承兑汇票到期前，补足剩下的 70 万元。

这时 B 公司需要给员工发工资，但是账户里也没有足够的现金。它可以把这张价值 100 万元的银行承兑汇票以 98 万元卖给银行，因为票据在半年后才到期，所以其中 2 万元作为利息被银行扣除。这就是商业银行对客户的票据贴现业务，扣除部分的比率即为贴现率。

商业银行在持有承兑汇票后，也可以把票据卖给其他商业银行获取资金，商业银行之间的票据流通称为转贴现业务。同样，商业银行还可以把票据卖给中央银行，这就是再贴现业务，再贴现也存在一定折扣，即再贴现率。央行可以通过调节再贴现率调节市场中流通的货币数量。再贴现率升高，原来 100 万元买入的票据只值 95 万元，票面价值降低，商业银行就会减少向中央银行申请再贴现，减少商业票据兑换成现金的规模，市场中流通的资金数量就下降了。

再贴现政策的调整不仅可以影响到市场中流通的货币数量，也会影响市场的利率水平，从而对经济产生重大影响。

（6）"酸辣粉"与"麻辣粉"

除了上述三大货币政策工具外，央行通常还会使用其他方法调节货币流通。金融圈人士所说的"酸辣粉"与"麻辣粉"就是两种货币政策工具的简称。

常备借贷便利工具，英文名称 Standing Lending Facility，简称 SLF，所以被人们亲切地称为"酸辣粉"，是中国人民银行为满足金融机构短期的大额流动性需求，在 2013 年年初设立的借贷工具。

常备借贷便利工具主要面向政策性银行和全国商业银行等金融机构，期限在 1~3 个月，由金融机构和中央银行之间一对一进行交易，针对性较强。

虽然与一般货币政策工具不同，SLF 通常由金融机构根据自身流动性需要，用商业票据、有价证券、债券等资产作抵押主动向央行发起，但是央行可以通过调节常备借贷便利的利率间接影响市场利率，调节货币流通。

与"酸辣粉"的名称由来类似，"麻辣粉"是指中期借贷便利工具，英文名称 Medium-term Lending Facility，简称 MLF，是中国人民银行在 2014 年 9 月设置，向政策性银行和商业银行提供中期基础货币的货币政策工具。MLF 也是由金融机构在缺少流动资金时，主动向央行发起申请的抵押贷款，但是贷款期限稍长一些，一般在 3~6 个月。MLF 主要用于定向投放给重点领域和经济薄弱环节的小微企业和"三农"，目的是刺激商业银行对特定行业的支持。央行可以通过调节 MLF 的利率调控市场中期利率。

央行提供的其他货币政策工具还包括抵押补充贷款（PSL）、短期流动性调节工具（SLO）等，都是央行通过不同渠道、采取不同方式向金融机构提供资金，调控市场中货币流通的重要手段。

4. 钱值多少钱

司马迁："天下熙熙，皆为利来；天下攘攘，皆为利往。"

（1）利率政策与传导机制

我们在前文提到了货币是一种特殊的商品，凡是商品都具有价格，利率就是货币的价格。利率的概念是在一定时期内，利息与本金的比率。我们向银行借 100 元，一年后需要还给银行 105 元，则年利率就是 5%。给利率一个期限很重要，同样是借 100 元，如果月利率是 5% 的话，则每个月的利息为 5 元，一年的利息就是 60 元，那么年利率为 60%。

利率的设定通常有两种方式，一种是随市场规律而自由变动的利率，我们称为市场利率。根据经济学中的供求理论，价格受供求关系的影响，货币的价格也不例外。利率的高低与市场中货币的供给和需求有很大关系。流通中的货币供给大于货币需求，则货币的价值下降，利率下跌，货币供给小于需求，利率上涨。所以，市场利率是受市场价格规律的影响被动变化的。

但是，有些国家特别是发展中国家由于市场机制不完善，政府通常会对利率加以干预，或是由官方直接设置利率。这种由政府金融管理部门或中央银行直接确定的利率或利率变动的界限，叫作官定利率或管制利率。

随着经济的不断发展，我国的利率制度正逐步由官定利率过渡到市场利率。新中国刚成立时，由于通货膨胀严重，投机倒把和高利贷活动猖獗，中央政府为了稳定物价，采取了管制利率等一系列严格的金融市场管控措施。在物价基本稳定后，央行统一规定了各种贷款利率的最高限，同时要求利率的制定不可以脱离市场。

计划经济时代，我国的利率管制政策对于迅速制止金融市场的混乱局面产生了十分理想的效果，起到了市场调节作用。这个时期的利率有以下特点：利率档次少，利率水平低，利差小，管理权限高度集中。央行实施管制利率的依据是长期紧盯 M2 数量的变化，根据广义货币供应量调整利率。

但是在改革开放后，我国的市场建设不断推进，经济大规模增长，利率管制政策不再适应灵活变动的市场规律和频频变化的物价水平。银行理财和各种资管产品如雨后春笋般涌现，采用盯住 M2 指标的方法也不再奏效，于是中央开始逐步探索利率市场化的可能性。

通过供求关系直接影响市场利率并没有看上去那么简单，因为我国的利率种类太多了，主要分为三大层，每个层次中的不同业务利率水平也都不相同。第一层是央行直接操控的货币政策工具利率，如公开市场操作利率、再贴现利率、SLF 和 MLF 利率等；第二层是银行间市场利率，即银行与银行之间借贷的利率，如上海银行间同业拆放利率（Shanghai Interbank Offered Rate，简称 Shibor）；第三层是商业银行面向企业和个人客户的存款利率和贷款利率。

央行无法直接操控银行间利率和存贷款利率，而是通过调控货币政策工具利率从而将影响传导至市场利率的。理想情况下，传导的路径是从政策利率到银行间市场利率，这一步最重要的工作是构建利率走廊。所谓利率走廊，就是央行间接设定银行间市场利率的上下限，让银行间市场利率在走廊内根据市场规律上下波动。

利率走廊的上限是央行对商业银行发放贷款的利率，在我国一般为常备借贷便利（SLF）的利率。因为如果一家银行向另一家银行借款的利率比向央行借款的利率都高，那么这家银行一定会向央行借款。所以这样就间接规定了银行之间借款的利率不能高于央行的借贷利率，即银行间市场利率存在上限。

利率走廊的下限是商业银行在中央银行存款的利率，在我国一般为超额存款准备金的利率。我们再举个例子，如果银行 A 准备把多余的资金借给银行 B，银行 B 要求借款的月利率为 3%，但是这个时候央行的超额存款准备金利率为 5%，那么银行 A 一定会把多余的资金存入央行，赚取更多的利息。所以，银行之间借款的利率一定会比在央行存钱的利率更高，银行 A 才会把资金借给银行 B，也就是说银行间市场利率存在下限。利率走廊上限与下限之间的差额就是利率走廊的宽度。

　　银行间市场利率一般为短期市场利率，也叫短端市场利率。在利率走廊构建完成后，下一步将从银行间市场传导至银行面向企业及个人客户的存款与贷款利率，即长端市场利率，也就是利率从短端到长端的传导。

　　我们之前提到商业银行是盈利性机构，依靠吸收存款或向其他银行借钱发放贷款赚取利润，利润的主要来源是存贷款利差。商业银行会根据银行间市场利率、自身吸储能力和贷款风险程度设定存贷款利率，这样就完成了第二层传导。

　　随着利率市场化的推进，央行于 2013 年 7 月已经完全放开了商业银行贷款利率，于 2015 年 9 月取消存款利率浮动限制，存贷利率理论上已经可以实现自由浮动，但是为了维护金融市场的稳定性，央行仍然对商业银行施加一些行政调控手段，即窗口指导，进而对市场利率产生影响。另外，由于贷款利率还受到债券收益率等其他各种因素的影响，因此债券发行与投资政策之间存在的差异导致这一步的利率传导在我国并不十分通畅。

　　利率传导的最后一步是由商业银行的存贷款利率向实体经济的传导。存贷款利率的高低会直接影响居民的消费与储蓄决策和企业的融资成本，这些因素都会影响经济总供给与总需求，进而影响市场总体价格的变动。至此就完成了从央行对货币政策工具利率的调整到实体经济的传导过程。

（2）两个小岛的故事

　　利率传导机制是央行对国内货币市场的调控，在全球一体化的趋势下，国际贸易对于一国经济发展也起到至关重要的作用，所以对于汇率政策的理解和掌握有助于更好地指导我们构建投资策略。

　　每一个国家的货币都有自己的价格，如果用一国货币的价格表示另一国货币的价格，就形成了两种货币之间的汇率。与利率一样，汇率也是由供求关系决定的。两个国家的货币在国际市场中流通量的多少确定了两国货币的汇率。

　　现在假设太平洋上有甲和乙两个原始的小岛，两个岛互不联通，每个岛上的政府都各自发行了 1000 枚货币甲币和乙币。甲岛和乙岛各有 1 000 个鸡蛋。如果两个岛上的居民用全部的货币购买鸡蛋，那么 1 枚甲币可以

换 1 个鸡蛋，1 枚乙币也可以换 1 个鸡蛋。

有一天科技进步了，人们发明了船，两个岛的居民发现彼此的存在，开始相互贸易。由于各岛的货币不能在对方岛上流通，但是鸡蛋是无差异的，于是大家决定用鸡蛋作为标准，来衡量货币的价值。经过商量，甲、乙两种货币的兑换比例为 1∶1 最公平，所以甲乙两种货币的汇率确定为 1∶1。

这个时候，甲岛的政府多印发了 1000 枚甲币，造成了通货膨胀。由于货币和鸡蛋在两个岛之间都是自由流通的，人们发现甲岛上的甲币变多，手里的甲币贬值，现在甲岛上 1 个鸡蛋可以换 2 枚甲币了，甲币兑换乙币的汇率就变成了 2∶1，或 1 枚甲币兑换 0.5 枚乙币。所以，影响汇率变化的因素之一是通货膨胀，一国发生通胀会使本国货币贬值。

过了一段时间，经济逐渐发展起来，两个岛上出现了企业，鸡蛋的生产开始规模化。甲岛经济增长率较高，带动企业的生产率也随之提高，甲岛企业一天可以生产 100 个鸡蛋，乙岛的经济增长率低，企业生产力落后，仅为甲岛企业的一半，一天只能生产 50 个鸡蛋。随着时间的推移，甲岛积累的鸡蛋比乙岛更多，因此鸡蛋价格也比乙岛便宜。乙岛上的居民开始纷纷在本岛用乙币购买进口的鸡蛋。对于甲岛来说，由于进口需求下降，加上外汇定向在乙岛本土使用，外汇有结余，对本国无用，因此出口商品要减少。乙岛作为进口国，如果需求不变，只能用更高价的本国货币购买，造成本国货币贬值。因此导致汇率变化的第二个因素是一国的生产率，生产率越高，本国货币的汇率也越高。

随着两个岛上经济规模不断增大，经济制度也完善起来，政府设立了商业银行，人们把购买鸡蛋剩下的钱都放在银行里赚取利息。起初两个岛的银行设定存款利率都为 5%。这时乙岛的银行为了吸引更多的储蓄，把存款利率提高为 10%，由于货币是流通的，甲岛居民纷纷把甲币换成乙币，存入乙岛的银行，市场上乙币的需求量就会增加，乙币兑换甲币的汇率就会上升。

在汇率变化前，原本用 1 枚甲币可以换来 1 枚乙币，用来购买 1 个乙岛生产的鸡蛋。现在乙币的汇率上升了，需要用 2 枚甲币兑换 1 枚乙币来购买 1 个乙岛的鸡蛋，对于甲岛的居民来说，外币汇率升值导致进口商品的价格变高了，甲岛必将减少从乙岛进口鸡蛋。但是甲岛出口乙岛的鸡蛋价格却相对变得更便宜，乙岛会增加进口。所以影响汇率变化的第三个因素是本国利率的波动，一国利率上升会使本国货币升值，汇率上升。本币汇率升值短期有利于本国商品出口，抑制外国商品进口。

但是如果两个岛上的商品市场和货币市场都完全开放，虽然利率变化会导致汇率波动，但市场机制会把两个岛上进出口的差异抹平。因为乙岛的利率上升后，会使得该岛居民在未来一段时间内增加储蓄，减少消费和投资，这样人们对于鸡蛋的需求量在未来就会降低，导致供大于求，渐渐地，乙岛的鸡蛋价格也会下降，鸡蛋出口会慢慢回升。

乙岛加息后，甲岛政府为保持自身的经济稳定，要使得两岛货币的汇率保持不变，可以施行盯住汇率制度。所谓盯住汇率制度，就是一国政府使本国货币同某一外国货币或多个国家的一篮子货币保持固定价格比不变，或只在很小范围内波动的汇率制度。甲岛政府不能印发乙岛的货币，所以实施盯住汇率制度的前提是具有充足的外汇储备。

前面提到甲岛企业出口鸡蛋，换回了大量乙岛的货币，储存在银行中，这就是甲岛的外汇储备。乙岛提高利率后，市场上流通的乙币减少了，导致乙币的需求上升，从而汇率也上升。这时甲岛政府可以动用外汇储备，向市场中卖出一些乙币，平衡乙岛加息导致的乙币流动性紧张，稳定住汇率。由此可见，外汇储备也是影响汇率的重要原因之一。一般而言，一国的外汇储备越多，本币的汇率也越高。

要想抑制乙岛加息导致的甲币汇率贬值，甲岛政府还可以调整货币政策，跟随乙岛加息，提高银行利率，但前提是甲岛政府可以独立地实施货币政策。货币政策的独立性指的是一国的政策行之有效，且不受国外金融政策干预。

可惜的是，在两国资本完全流动，甲岛政府又实行固定汇率制度的情况下，甲岛政府对银行利率的调整就起不到任何作用，货币政策因此丧失了独立性，这就是著名经济学家罗伯特·蒙代尔提出的"不可能三角形"。它说的是在开放经济的条件下，资本自由流动、汇率稳定和本国货币政策的独立性不可能同时实现。

具体来看，一国如果保持资本自由流动和货币政策的独立性，就必须实行浮动汇率制度，牺牲汇率稳定。比如巴西、土耳其、加拿大等国家采

用的就是此类政策。

另外，要保持汇率稳定和货币政策独立性，就必须限制资本的自由流动，实行资本管制。对于发展中国家，相对稳定的汇率有助于金融市场的稳定，货币政策的独立性也可以发挥宏观调控的作用，这也是我国目前采用的主要政策。

保持汇率稳定和资本自由流动，必须放弃货币政策独立性，因为在固定的汇率下，货币政策带来的效果将被自由流动的资本变化所抵消。上面的例子中，甲岛盯住了乙岛的汇率，如果乙岛加息，必将引发甲岛资本流出，所以甲岛的市场被外国的金融政策干预了，货币政策不再具有独立性。

总结一下，通货膨胀、生产率、利率和外汇储备都是影响汇率变化的关键因素，但是由于不可能三角形的原因，一个国家不可能同时实行固定汇率、自由的资本流动和独立的货币政策，必须三者取其二，选择适合自己国情的政策和措施。

（3）做空泰国

为了加深对货币政策和汇率政策的理解，我们回顾一下1998年亚洲金融危机，索罗斯做空泰国的整个过程。

在20世纪90年代，泰国实施的是固定汇率制，并且资本市场没有放开。作为日本车企在东南亚投资设厂的重要生产基地，泰国也随着日本经济的腾飞受益匪浅。

金融危机爆发前泰国的经济形式一片大好，GDP增长常年保持在8%以上，通货膨胀率维持在6%以下的较低水平，美中不足的是贸易有一些逆差，如表4.1。前文讲到贸易逆差会使本国货币贬值，所以泰国央行为了维持货币汇率稳定，采取加息政策，调高了市场利率。从表4.1中我们可以看出，在1987年到1998年这段时间里，泰国实际利率随贸易逆差的增加而上调，但是时间上稍微滞后。

表 4.1 亚洲金融危机爆发前后泰国经济数据

年份	GDP 增长率（%）	通货膨胀（CPI）	贸易逆差（亿美元）	实际利率（%）
1987	9.52	2.47	3.66	6.51
1988	13.29	3.86	16.54	5.35
1989	12.19	5.36	24.98	5.78
1990	11.17	5.86	72.81	8.17
1991	8.56	5.71	75.71	9.12
1992	8.08	4.14	63.03	7.35
1993	8.25	3.31	63.55	7.63
1994	8.00	5.05	80.59	5.41
1995	8.12	5.82	135.82	7.25
1996	5.65	5.81	146.91	9.02
1997	−2.75	5.63	30.21	9.21
1998	−7.63	7.99	−142.42	4.74

　　就在市场对泰国经济一片看好之时，泰国政府放开了资本市场，允许资本自由流通，同时放松了金融管制。这时候大量的外资被泰国经济增长所吸引，开始涌入泰国股市、楼市和实体经济。

　　越来越多的资本流入导致泰国经济逐渐过热，实体经济出现产能过剩、供大于求的现象。1991 年，日本经济泡沫的破裂，也间接导致了泰国出口下降、经济增长放缓，企业利润也逐渐降低。这一变化迅速从实体蔓延至了楼市，商业地产的空置率慢慢增加，开发商盖好的大厦租不出去，资金无法回笼，银行贷款就不能如期归还，于是银行的坏账率也开始上升。

　　这时曾成功狙击英镑的美国金融大鳄乔治·索罗斯洞察出了端倪，他首先低调吸取筹码，用一部分手中的美元获取泰铢，其次向泰国央行借入大量泰铢。手中持有一定筹码后，索罗斯在国际市场上高调唱空泰铢，并开始疯狂抛售，虽然他的资金在国际外汇市场的大海中只是沧海一粟，但是由于强大的影响力和号召力，资本市场中的羊群效应发挥了作用，庞大的资金也跟随索罗斯这只领头羊开始大量抛售泰铢。

由于实行固定汇率制，泰国央行只能开始抛售美元救市。但是由于常年贸易逆差，外汇储备又十分有限，当泰国的外汇储备只剩下 20 亿美元时，政府不得不宣布放弃固定汇率，采用浮动汇率制，如图 4.1。于是泰铢一泻千里，国内经济遭受严重冲击，而索罗斯在泰铢贬值的时候动用一小部分美元就还清了泰国央行的债务，赚得盆满钵满。

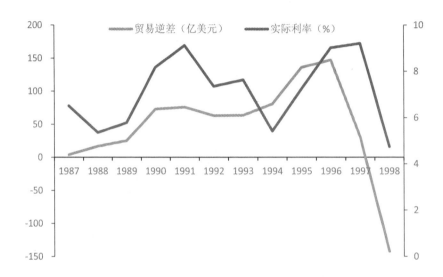

图 4.1　亚洲金融危机爆发前后泰国贸易逆差与实际利率走势
（数据来源：*wind* 资讯）

在索罗斯的影响下，国际炒家先后攻击菲律宾比索、马来西亚林吉特和印度尼西亚盾等货币，并从 1997 年 7 月开始利用金融期货狙击港元，致使港元利率飙升从而获取利润。

面对国际金融炒家的猖狂攻击，香港金融管理局开始动用庞大的外汇基金救市。金融危机爆发时期，香港特区政府的外汇储备达到 820 亿美元，同时还得到了时任总理朱镕基的支持。中央政府的支持给予香港市场很大信心，最终香港金融保卫战取得胜利，股市得到挽救，国际炒家也损失惨重。

5. 鱼与熊掌的问题

珀西·比希·雪莱（英国著名诗人）："政府的力量就在于被统治者的幸福。"

通过财政政策和货币政策，政府就可以实现对宏观经济的整体调控。根据政策对经济运行的影响不同，可以分为扩张性政策和紧缩性政策。

扩张性政策指的是在经济衰退时刺激经济增长的调控政策。扩张性财政政策包括降低税收、增加政府支出、增发国债，扩张性货币政策包括降低利率、下调存款准备金率，增加信贷投放，目的是刺激总需求使经济尽快复苏。

紧缩性政策与之相反，通常用于在经济增长过快时抑制经济增速，降低通货膨胀，避免经济持续过热。紧缩性财政政策包括加强税收征管、适当减免税收优惠、严格控制地方政府债务发行，紧缩性货币政策包括加息上调利率、提高存款准备金率、提高再贴现率、实施信用管制等措施，旨在压缩需求、降低投资，降低通货膨胀率，给经济降温。

所以，政府对经济的调控并不是顺势而为，不能在经济飞速增长的时候持续刺激经济。宏观调控往往是逆流而上，经济增速过快时要适当收紧政策，增长放缓时要放松管控。

这是因为经济具有周期性，任何国家或地区的经济都不可能永久增长，而是在周期性的上下波动中实现增长。从图 4.2 中我们可以看到，无论是美国、英国等发达国家，还是发展中国家的中国，抑或是不发达国家的尼泊尔，经济增长率（用实际 GDP 增速测算）都存在周期性。所以，政府宏观调控的目的是让经济的衰退阶段时间缩短，增长阶段期限。

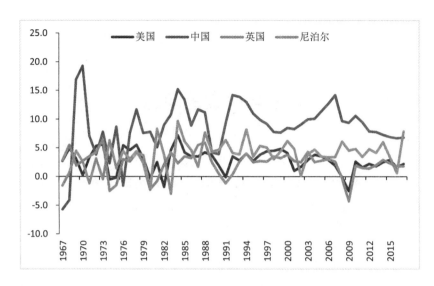

图 4.2　各国近 50 年 GDP 增长率

（数据来源：*wind* 资讯）

　　本章我们介绍了一国政府宏观经济调控的目标不仅是经济增长，还包括充分就业、物价稳定和国际收支平衡，这些目标从不同的角度分析了经济如何持续均衡地发展。如果一国经济增长时政府还在持续刺激经济，不加以控制，通货膨胀就会越来越严重，最终导致恶性通胀、物价飞涨、失业率飙升等情况，造成不可挽回的经济损失。

　　所以，宏观经济的逆周期调控非常重要，政府需要审慎判断经济形势，相机抉择不同类型的反经济周期的政策工具，干预经济运行，实现调控目标。

　　那么在我们日常的投资中，如何对政府的宏观调控政策进行分析，以帮助我们及时调整投资策略呢？我们需要先了解我国的宏观经济调控目标。以最近几年政府宏观调控政策的目标为例，2014 年 4 月召开的中共中央政治局会议中指出，我国宏观经济政策的长期目标是稳增长、调结构、惠民生、防风险，保持宏观政策的连续性和稳定性，实现促进社会进步和发展。但是，各个宏观政策目标之间往往是相互矛盾的，中央政府很难通过单一的政策手段同时实现多个目标的调控。

　　首先是稳增长和防风险之间存在矛盾。经济处于衰退期时，要实现经济增长，政府必须采用刺激经济的政策，但是这样必然会导致通货膨胀，抬高物价。当经济出现过热，开始下行时，如果政府为了保持经济增长，继续采用宽松的货币政策，将会进一步导致货币贬值，通胀加剧，甚至引发系统性风险。

参考土耳其经济，作为发展较快的新兴市场之一，土耳其政府惯常采用低利率的政策推动经济发展。土耳其总统埃尔多安在经济领域的改革一直以十分大胆著称，在 2017 年前后国内经济过热、美国加息、世界贸易摩擦加剧的背景下，埃尔多安依然坚信低利率可以刺激经济增长，持续采用宽松的货币政策，致使土耳其里拉迅速贬值，通胀高企。

因此，为了防控金融风险的发生，政府通常需要牺牲一定的经济增长。过去几年中，在我国经济出现下行时政府均收紧了宏观政策，如 2010 年 GDP 增长速率下滑，央行的货币政策由适度宽松转为稳健。

其次是稳增长与调结构之间也存在矛盾性。进入 21 世纪后，我国的经济增长主要依赖于房地产行业的快速发展，房地产投资上升会拉动 GDP 增速上升，政府收紧房地产政策也会导致 GDP 增速迅速下降。2003 年后房地产对经济起到了至关重要的推动作用。直到 2015 年供给侧产能逐渐过剩，政府开始调整经济结构，降低房地产投资，经济增速明显下降。

惠民生在宏观层面即是提高就业率，实现充分就业，这个目标与稳增长基本一致，所以和防风险及调结构也存在着矛盾。

虽然宏观政策的多个目标之间存在矛盾，仿佛鱼与熊掌的问题，但是在具体调控时，中央政府会将目标进行排序，并结合经济中存在的问题，在不同时期优先实现不同调控目标。我们在分析宏观经济发展趋势的时候应该时刻关注政府政策目标的先后顺序，并掌握实施的具体政策会对经济产生哪些影响。

至此，宏观经济学的基本分析框架已经介绍完毕，从下一章开始，我们将对各类金融资产逐一进行梳理，从经济学角度分析它们的产品特点和投资收益、适合哪类人群进行投资以及投资时机的选择等。

第五章

保险应该怎么买

1. 保险业的摇曳沉浮

《左传·襄公十一年》："居安思危，思则有备，有备无患。"

保险，本义是保护自身财务以免发生风险。中国人自古就有防范风险的意识和思想。《左传·襄公十一年》记载："居安思危，思则有备，有备无患"。说的是处于安全的环境时要考虑到可能出现的危险，考虑到危险要有所准备，事先有了防备就可以避免祸患。成语未雨绸缪、防患未然、未寒积薪说的都是这个意思。

喜欢看武侠小说的读者应该对小说中出现的镖局非常熟悉。我国古代的驿站和镖局算是世界上最早的保险公司。古代交通不便，客旅艰辛并且十分不安全，官府或商人要运送昂贵的财物或身份重要的客人时面临很大风险。于是镖局孕育而生，他们的职责就是专门替客户押运财物或人员，并保障财产安全。如果运输过程中遇到自然灾害或绿林好汉导致财产受损或丢失，那么镖局就要照价赔偿客户，相当于官府和商人为自己的财产购买了一份运输保险。

引入西方经济学后，保险就引申成为一种保障机制，代表了经济上的一种契约关系。保险合约指的是投保人与保险人签订一份合同，由投保人向保险人支付保险费，在合同期内如果双方约定的特定事件发生造成了财产损失，或满足被保险人死亡、伤残、疾病、到达合同约定的年龄和期限等条件时，由保险人向受益人给付保险金的商业行为。

一份保险合同中涉及了许多参与人，包括投保人、保险人、被保险人、受益人等。投保人是购买保险的企业或个人。投保人与保险人签订保险合同，并负有支付保险费的义务。保险人又称承保人，是与投保人订立保险合同，并支付保险金的保险公司。我国规定只有企业法人可以作为保险人。作为签订合同的双方，只有投保人和保险人是保险合同的主体。

被保险人是指财产利益或人身安危受到保险合同保障的企业或个人。受益人是享有保险金请求权的人，可以是投保人或被保险人，如果没有指定受益人，那么被保险人的法定继承人就是受益人。

例如，我的妻子为我在 A 保险公司购买了一份重疾保险，合同约定如果我不幸身患重病，A 保险公司将支付 100 万元给我的两个孩子。这份重疾保险中，投保人是我的妻子，A 保险公司是保险人，我作为被保险人，受益人就是我的两个孩子。

我国保险业的发展最早要追溯到 18 世纪，据文献记载，1805 年英国人在广州成立的于仁保险公司，是中国最早的保险公司。1949 年 10 月 20 日，中国人民保险公司在北京成立，标志着保险行业在新中国的诞生。

但好景不长，1958 年 10 月，西安全国工贸会议提出人民公社制度建立后，原本农村规模较小、经营项目单一的农业合作社逐渐壮大，财力和物力已经具备了较强的抵抗自然灾害能力和风险补偿能力，而城镇工商业基本是国营单位经营，国家可以通过财政调控应对风险，对各种灾害损失进行补偿，因此保险行业的作用已经消失，在社会主义制度下保险业可以退出历史舞台。风雨 20 载，国内保险行业彻底停办。

直到 1979 年改革开放，中国人民银行在北京召开全国保险工作会议，宣布停办 20 多年的保险行业复业。1983 年国务院颁布实施的《中华人民共和国财产保险合同条例》是新中国成立后第一部关于财产保险合同的法律法规。随后我国保险市场发展逐步多元化，保险业进入了群雄割据的时代。

1991 年，中国太平洋保险公司成立。1992 年，美国友邦在上海设立分公司，成为我国保险市场对外开放以来第一家外国保险公司。2002—2003 年，中国人保和中国人寿相继完成改制并成功在纽约、香港上市。2007 年，万众瞩目的中国保险市场第一股中国人寿正式登陆 A 市场，同年中国平安和中国太保也在 A 股上市。中国保险业百花齐放。

我国保险行业的起步虽然经历过波折，但是在改革开放后，随着中国经济的腾飞，发展非常迅猛。特别是在最近十几年里，各项指标都飞速增长。2003—2017 年，我国保险公司总资产由 9 088 亿元增长至 16.9 万亿元，其中保费收入从 3 880 亿元增至近 3.7 万亿元，保险赔款由 841 亿元增至

11 178 亿元。同期保险机构数量从 2003 年的 62 家发展至 2017 年的 222 家，保险公司职工人数从 19 万人增长到 118 万人。

虽然保险行业自身增长迅速，但是和其他金融业务比起来，发展还是稍显迟缓了一些，其中一个重要的原因是人们对于保险的认知还不够，并常常伴有很多误解。

在 20 世纪 90 年代保险行业快速发展时，经历了行业阵痛期。财政部放开了国内保险公司寿险的营销费用，寿险高昂的分成比例和每年连续分红的特点，使得全国寿险营销员迅速扩军，大街小巷到处张贴着招募寿险代理人的广告 "百万年薪不是梦" 的口号撩动人心，街头巷尾各家公司的寿险代理人发放宣传单，或是坐在胡同口保险公司摊位支的小方桌旁边给路人讲解购买保险的好处。普通老百姓也都开始关心起寿险产品。

那个年代，每家每户都有人从事保险代理工作，他们先让自己和亲戚成为客户，再扩展到邻居、朋友，不厌其烦地每日推销产品。由于代理人的素质参差不齐，行业监督制度也不完善，一些代理人弄虚作假，在保险合同上玩起文字游戏，导致风险发生后客户无法支取保险金的案例屡见不鲜。所以，自那之后许多人谈险色变，老百姓购买保险的热情也降低了许多。

经过一段时间的行业整改和人员流动，保险行业的制度较之以前也完善了许多。2010 年后，随着收入增长，环境问题和生活压力的增大导致癌症等疾病的发病率逐年提高，人们对寿险的热情又开始回升。保险，这个最能表现经济学魅力的金融产品再一次回到了人们的视野当中。

2. 一份保险合约背后的秘密

匿名："一个希望成功的人首先要回避风险。"

（1）收益最大化

一份保险合约最主要的参与者是签订合同的双方，即保险的主体，投保人和保险公司。合约谈判过程中二者你来我往，相互博弈，最终确定出保险的具体条款、费率、赔偿金等一系列问题。那么这些细节是如何决定，保险合约背后的经济学本质又是什么呢？为搞清楚这些问题，我们需要研究投保人和保险公司的经济行为和决策过程。

投保人作为保险合同中的买方，在购买保险时所考虑的核心问题是买保险后的期望收益大于购买保险之前的期望收益。期望收益也叫预期收益，指的是根据自己已知信息所预测能得到的潜在收益，如投资者小明在春节前购买了 100 元茅台的股票，股票未来的收益是不确定的，但是根据经验，过节人们有串门送礼的习俗，所以节日期间茅台股票的上涨概率很大。经过分析，小明认为茅台在春节后上涨 10% 的概率是 80%，下跌 10% 的概率是 20%，那么这期间小明投资茅台的期望收益就是 106 元，计算方法是 $110 \times 30\% + 90 \times 20\%$。

我们举一个例子来说明投保人在购买保险时如何进行决策。现在小明准备从北京坐飞机到上海参加一个公司的活动，假设他的总财富是 100 元[1]。经过查询历史航班信息，小明发现他乘坐的这班飞机发生延误的概率是 30%，如果飞机延误导致小明迟到，那么他需要向活动主办方赔付 40 元，

---

[1] 这里为了计算方便，我们认为效用函数是线性形式，即 1 元钱可以给小明带来 1 的效用。对于效用的概念，感兴趣的读者可以阅读微观经济学的相关文献。

一份飞机延误险是10元，如果飞机真的延误了，保险公司会赔付客户30元，根据以上信息，小明应该买延误险吗？

我们来计算一下，如果小明购买延误险，期望收益是87元，计算方法是（100-10）×70%＋（100-10-40+30）×30%。其中小明购买保险需要支付10元，但是飞机没有发生延误的概率是70%，所以期望收益是（100-10）×70%。如果飞机发生延误，小明需要赔偿40元，但是小明支付10元购买了延误险，保险公司会赔付小明30元，飞机延误的概率是30%，期望收益是（100-10-40+30）×30%。把购买保险后飞机不发生延误时的期望收益与发生延误时的期望收益相加，就是小明购买保险的总期望收益。

同理，在不买延误险的情况下，小明的期望收益是88元，计算方法是100×70%＋（100-40）×30%。所以经过测算，购买保险的预期收益比不买保险的预期收益要低，所以小明不应该购买航空延误险。

但是真实的情况要复杂得多。首先，不同的人对于金钱的损失带来效用的损失可能不相同，或每个人的效用函数不同，对于富人来说，赔付40元钱边际上不会给他带来多少损失，但是对于需要精打细算过日子的普通人来说，损失40元会令他们非常在意。

其次，保险公司对于每一个客户给出的保费和赔偿也不相同，如我们在购买寿险时，年纪轻轻且身体很好的青年人需要缴纳的保费就比上了年纪的老年人缴纳的保险费便宜许多。

对于不同的保险产品，不同类型的财产标的，保费、承保范围和保险赔偿金也有很大区别。例如在购买车险时，越贵的汽车发生事故后需要的维修费用越高，所以保费自然也越高。

我们作为投保人，无论购买哪种保险，都可以采用上面小明的例子中使用的方法进行决策。在了解了自己的效用类型、事故发生的概率和保险合约的保费、赔偿等详细信息后，决策的最终目标是根据所掌握的信息最大化自己的期望收益，这样所做的投资决策就是最优决策。

在掌握了投保人的决策机制后，我们还要换位思考，了解一下保险公司在设计一款保险产品时需要考虑哪些问题，这样可以更好地帮助我们在挑选保险产品时做出正确的选择。

与投保人一样，保险公司的目标也是让自己的期望利润实现最大化。

现在假设保险公司要为搭乘北京飞往上海航班的旅客提供航空险，飞机延误时要向客人支付一笔赔偿，那么这款航空险应该收多少保费合适，发生延误又应该赔付多少钱呢?

根据历史数据，北京至上海航班延误的概率是 30%，我们令延误险的保费是 a 元，赔偿金额是 b 元。所以保险公司卖出一份保险可以得到 a 元，在航班不发生延误，不需要赔偿的情况下，收益即是 a，这种概率为 70%，在航班发生延误的情况下，保险公司需要赔偿 b 元，收益是 $(a-b)$ 元，这种概率是 30%。因此保险公司的期望收益是 $70\% \times a + 30\% \times (a-b)$，等于 $a-0.3b$ 元。要令收益大于零，只需让 a 大于 0.3b 即可，即保费大于赔偿金额乘以事件发生的概率，在满足这个条件的情况下设置保费和赔偿金额，就可以让保险公司稳赚不赔。

进一步计算我们会发现，当保费为 a 元、保险金为 b 元、延误概率是 30% 的情况下，客户购买保险的预期收益减去不买保险的预期收益，恰好等于 $0.3b-a$ 元，也就是说保险公司与客户的总收益为 0。

所以，在购买保险的过程中，保险人与投保人进行零和博弈，保险公司赚的利润就是投保人亏损的预期收益。真实生活中，保险公司设计每款产品时都要经过复杂和严密的精算以实现盈利。那么如果买保险意味着一定会亏钱，投保人是否就没有必要再购买保险了呢?

答案当然是否定的，因为保险的主要功能并不是赚取收益，而是防范风险，我们买保险的目的在于支付少量金额，使得在风险发生后造成的损失可以及时弥补。另外，每款保险产品不止卖给一个人，有些人在购买保险后航班可能并不会发生延误，而有些人运气不好，每次坐飞机都会晚点。保险就是用所有人支付的保费为事故受害人赔偿。没有损失的人仅失去一点保费，效用在边际上下降很少，遭受损失的人在灾难降临时可以获得额外补偿，把风险损失降到最低，效用也没有降低，此外保险公司还可以赚取利润，所以保险让社会总体的效益得到了提升。

以上介绍了让投保人和保险人完成保险合约的第一个条件，买卖双方必须满足各自的收益为正。投保人在购买保险后的期望收益大于或等于购买保险前的期望收益，保险公司在保险产品卖出后的利润大于或等于零。

这个约束条件，就是让买卖双方参与到保险合约的谈判过程中的参与约束。

（2）逆向选择

聪明的读者会发现，保险公司盈利的关键是根据大数定律① 正确计算出风险事件发生的概率。例如，可以通过历史的航班信息推断航班延误情况；通过医疗卫生信息和环境情况计算一个地区癌症的发病概率；根据交通违章情况或车辆历史维修记录判断司机发生交通事故的概率等。

但是由于逆向选择问题，即使保险公司精算出事件发生的概率，也不一定能保证每一款保险产品都实现盈利。逆向选择指的是由于信息不对称，在签订合约前，市场的某一方会利用多于另一方的信息使自己受益，而使对方受损的经济学现象。逆向选择是保险公司面临的一个很大的问题，因为投保人和保险公司之间就存在严重的信息不对称。

在保险市场上，想要为某一特定损失投保的人往往是最有可能会受到这类损失的人。比如有癌症家族病史的人通常会为自己购买重疾保险，开车经常超速的人会把车险赔付额度提到最高，妻子为从事危险工作的丈夫购买多份意外险等。像工作性质、家族病史和驾车习惯都是投保人非常私密的个人信息，保险公司很难观测到。因此这些带有特定倾向的投保人在购买保险时，事故发生的概率要比大数定律计算出的概率高得多，这样就会使保险公司的理赔额度过高，并发生亏损。

但是如果保险公司为了增加利润，提高了重大疾病的保险费，那么一些生活习惯良好、身体健康的人由于患病概率很低，就会退出医疗保险市场，不会购买此类保险。所以逆向选择就导致了市场中患病风险较高的人群比例越来越多，医疗保险的赔付规模也越来越大，保险公司的利润进一步降低。

为了降低逆向选择造成的影响，保险公司需要消除信息不对称，尽可能多地了解投保人信息。经济学中消除信息不对称一般有三种方法。首先是双方进行多次重复博弈，通过反复的交易了解对方。例如，我们在菜市场中买菜，每天总喜欢在同一个商家挑选菜品；或者去二手车商城买车，

---

① 大数定律说的是我们大量重复地做一个随机试验，随机结果出现的频率无限接近于这个结果事件发生的概率。比如抛一枚硬币，正面向上的概率是50%。如果重复抛10 000次，那么正面朝上这个事件的频率一定接近于5 000次。

也倾向于选择之前有过合作的卖家。无论是蔬菜还是二手汽车市场，买家与卖家之间都存在信息不对称的情况，往往是卖家对商品质量了如指掌，而买家则不完全掌握商品信息。通过多次交易，买家可以参考历史交易信息判断卖家的商品质量是否像他夸赞的一样好。

保险市场也是一样，保险公司作为风险的卖家，帮助投保人转移风险赚取利润，他们更愿意向一个客户推销不同种类的保险，一方面是因为获取新客户的成本较高，另一方面是因为保险公司对于老客户的信息了解得更充分。许多保险公司在与客户签订医疗保险合同前采用填写调查问卷的形式收集客户的家族遗传史、过往病史、不良嗜好等信息。还有一些保险公司会调取医院数据查询客户的就医记录。这些工作都是为了尽可能地使保险公司充分掌握客户信息。

其次是找第三方机构背书。像淘宝、京东等电子商务平台本质上就是充当消费者和商户之间的纽带，用第三方的身份替卖家的产品质量背书，得以让买家放心购买。保险市场中投保人也会通过第三方机构为自己背书，如销售医疗保险的保险公司在合同签署后会要求投保人到医疗机构进行体检，让权威的医疗机构为投保人做背书。

最后是具有信息优势的一方还可以采用主动释放信号的方式将自己的更多信息披露给信息劣势的一方。例如，许多商家会为自己的商品打广告，广告的作用就是向消费者释放出商品是优质产品的积极信号。虽然广告本身不能提高产品质量，但是它可以告诉消费者，生产高质量产品的商家有实力花钱去支付广告费用，让消费者进行重复购买。如果商家生产的产品质量很差，那么它即使打了广告，消费者在花钱买了次品后也不会进行重复消费，所以低质量产品的商家一定不会打广告。

保险市场也有像广告一样的信号。为了降低机动车保险费，投保人作为驾驶员应该尽量保持驾照不被扣分，或者没有违章纪录，保险公司在看到这样的信号后，就会识别出优秀的驾驶员，降低车险费用。

（3）道德风险与激励相容

信息不对称给保险公司带来的另一个问题是道德风险。与逆向选择的区别是，逆向选择的信息不对称发生在签订保险合约前，保险公司需要甄

别出带有特定倾向的投保人；道德风险发生在签订保险合约后，投保人不完全承担风险后果，会采取使自己利益最大化的自私行为，让保险公司承担损失。

道德风险中的信息不对称是由于保险合同的存在，被保险人防止风险发生的动机会减弱，也就是说他们愿意冒更大的风险获得更多利益的机会，但是这种行为会为保险公司带来一定损失。

我们举两个例子说明一下保险合同中存在的道德风险。首先是车险，日常生活中，普遍存在的一个现象，就是在车险到期前修车的人会增加。比如为爱车上了车辆划痕险的车主，在保险快要到期时会自行制造几道小划痕，触发保险理赔，免费喷漆。而在没有购买保险的时候，对于车辆的小损伤车主往往不会修理。其次是车主与维修厂联合起来伪造交通事故现场，骗取保险金。另外在购买车险后，司机为了追求刺激，开车就比原来更加大胆，交通事故发生的概率就会提高，也会导致保险公司的赔偿金额增加。

医疗保险中也存在道德风险，主要来自两个方面。一方面是患者带来的道德风险。在参加医疗保险后，看病的费用会降低，因此许多人对健康的重视程度反而会下降，一些损害身体健康的恶习如熬夜、抽烟、酗酒往往会找上他们。个人的健康条件下降了，长期来看会间接导致医疗卫生费用的增加。患者道德风险的另一个形式是存在过度消费心理，像小病大治、过度用药、看门诊改为住院等普遍存在的医疗现象都是这种心理的体现。另一方面是医疗服务提供者带来的道德风险。医生受利益驱使，在得知患者具有医保后，会开具一些疗效与国产药差别不大的进口药，但后者的价格更为昂贵，或者要求感冒患者进行全面的身体检查。这些都会导致医疗保险费用的增加，给保险公司带来损失。

失业是一种与经济周期联系紧密的系统性风险，为了降低失业给人们生活造成的影响，政府会向没有工作的人发放失业保险金（即失业救济金）。但是作为政府保障民生的主要手段之一，失业险也受当事人道德风险的影响。因为在有了保障后，工资很低的人会主动失业领取救济金；有些人找工作的积极性会下降，造成延缓就业；还有人已经登记失业，但是在重新上岗后并未向有关部门报备，继续领取保险金，即隐性就业。

自愿失业、延缓就业、隐性就业都会使政府失业救济金的领取人数与实际就业人数不符，造成社会效率下降。

保险公司应该怎么预防在保险合约中存在的道德风险呢？经济学给出的答案是采用激励相容的原理设计保险合约。激励相容指的是在市场经济中，理性人都是自利的，如果采用一种制度安排，使个人在追求自身利益最大化的同时，企业的利益也可以最大化，即双方的目标相吻合，实现双赢。

让投保人在购买保险后采取的行动对保险公司的利益不造成损害，就是保险合约中的激励相容机制。例如我们在购买车险时，有一个险种叫不计免赔险，说的是在发生交通事故后，车主需要自行承担一部分损失。未购买不计免赔险的消费者恶意骗取保险的激励就会下降，而对于额外花钱购买不计免赔险的车主，事故损失可以由保险公司完全承担，保险公司可以用这部分收入补贴恶意骗保带来的损失。

我国社会医疗保险制度中也包含激励相容机制。在许多地区，人们参与医保到医院看病时并不能全额报销，而是要达到一定的触发条件，如医药费用在 1000 元以上的部分才可以使用医保，或是对住院治疗的患者，医保只报销一定比例，剩余费用需要患者自行承担。

比如北京的医保制度规定，医保的起付标准按照上一年全市职工平均工资的 10% 制定，在一级医院看病的患者，起付标准至 3 万元的部分，医保支付 90%，职工支付 10%；3 万 ~4 万元的部分，医保支付 95%，职工支付 5%；超过 4 万元的部分，职工支付 97%，职工支付 3%。这样既保证了医保可以覆盖医疗费用，减轻患者负担，同时也可以杜绝骗取医保行为的发生。

失业保险方面，我国失业保险费一般由政府、企业和个人按一定缴费比例共同出资筹措。对于延缓就业的人员，政府可以减少失业保险金的额度，使其低于最低工资。所以在保险合约中合理地使用激励相容机制是防止道德风险发生的重要手段。

综上所述，保险合同包括了使投保人和保险公司各自利益最大化的参与约束，以及减小双方信息不对称，保障保险公司利益不受损害的激励相容机制，这两个条件就是使保险合约可以成立的基本条件。

3. 保命的险

在了解保险合约的本质和设计原理后，我们还需要熟悉市场中各类保险产品的特点，在购买保险时才可以明确哪些险种适合自己。由于保险市场中产品种类琳琅满目，各种保险鱼目混珠，人们很难分辨出哪些产品真正可以起到规避风险的作用，有哪些产品根本不具有购买价值。本节我们先把保险产品详细分类，再分别介绍每一类产品的特点和投资价值。

按照保险标的是人或物来划分，保险可以分为人身保险和财产保险。自古以来人们就有护身符保平安的传统，而人身保险就成为现代人的护身符。顾名思义，人身保险是以人的身体健康和生命安全为标的的保险，当被保险人的身体因事故发生受到损伤时，保险公司会根据合约向受益人支付保险金。需要注意的是，造成人身伤害的事故发生后，保险公司不会为受害人的身体定损，所以无论风险事故给人带来多大伤害，只要满足保险合约中的触发条件，保险公司就需要按照规定进行定额赔偿。

根据保费的返还方式，人身保险可以分为消费型保险、返还型保险和分红型保险。消费型保险是指在合同期内约定事故发生导致被保险人造成的损失由保险公司进行赔偿，超过合同期未发生事故保险公司不返还保费的一类保险。返还型保险的保费在合同期结束后保险公司会一次性或分期返还给被保险人。分红型保险属于返还类保险的一种，保险公司用投保人的保费进行投资，并把投资收益以红利的形式发放给受益人。

这三类保险中，消费型保险只具有保障性，另外两种保险具有保障性和储蓄性。在风险事件没有发生时，看似消费型保险的钱浪费掉了，而返还型保险的保费不会遭受损失，分红型保险甚至还能拿到收益，但是仔细思考会发现，我们在购买保险时考虑的是如何规避风险，而不是获得多少投资收益。在下面讲到健康保险时，我们会进一步说明投保这三类保险需要注意的问题。

在这之前，我们先了解一下市场中各式各样的人身保险产品的概念和区别。根据人身保险的保障范围，可以把人身保险划分为人寿保险、人身意外伤害保险和健康保险。

（1）人寿保险

人寿保险简称寿险，就是以人的寿命作为保险标的的一类保险。在 15 世纪前后，奴隶被当作一种财产进行买卖，运奴船在运送奴隶的过程中，常在海上遭遇不测。为了降低风险损失，奴隶贩子就为奴隶投保，这是最早期的寿险。

最初的人寿保险是为了保障人的非正常死亡造成的经济负担，后来寿险引入了储蓄的功能，保险公司也会为合约到期后仍然生存的人支付保险金。从而人寿保险渐渐成为一种社会保障制度。

根据保险金支付形式和支付期限不同，人寿保险可以分为死亡保险、生存保险和生死两全险三种类型。

死亡保险

只有在被保险人死亡后，受益人才会得到保险金的保险是死亡保险，包括定期寿险和终身寿险。二者的区别是定期寿险有一个固定的保险期限，即被保险人在合约规定的期限内死亡，保险公司才会支付保险金，如果合约到期被保险人仍然存活，那么保险合同自动终止。定期寿险主要是为在短期内从事危险工作的人群提高保障。

终身寿险没有期限的规定，保险责任从合同签署开始一直持续到被保险人死亡，具有终身保障的特点。由于人的死亡是必然的，保险公司一定会支付保险金，因此终身寿险同时具有储蓄的功能，也是不同代际之间传承财富的一种手段。终身寿险的保单具有现金价值，保险公司每年会向受益人支付投资红利，属于上文所提到的分红险。由于保险期限较长，终身寿险保费通常较高，且缴纳期限也很长，但是保费每年固定不变，利率变

动的风险由保险公司承担。

因为具有投资功能，终身寿险是人寿保险中非常受欢迎的品种。但是保险的目标首先是规避风险，其次才是投资回报，切忌不可本末倒置，用保险合同追求风险较高的投资收益。所以保险合约的分红并不是越高越好，高分红也意味着保险公司要承担高风险，资金的安全性就没有保证。

由于投资回报非常稳定，这类险种适合个人财产较多、资金量较大的投资者作为长期储蓄的替代品。另外，终身寿险也很适合做遗产规划，一是保险金在被保险人死亡后才会赔付，二是保险金可以完全按照投保人的意愿进行分配，受到法律保护，同时免征遗产税。

更为重要的是，在购买寿险时需要审慎判断国家的整体经济形势，如果一国经济正处于飞速发展阶段，高增长率会带来通货膨胀率飙升。但是终身寿险的收益固定，保费缴费压力很大，那么在经济落后、生活不富裕的情况下还要投保终身寿险，将使辛苦积累下来的财富很容易就被通胀稀释掉。

生存保险

与死亡保险相反，生存保险指的是以被保险人生存为条件给付保险金的一类险种。被保险人在合同期满或达到合同约定的年龄后仍然生存，保险公司会向受益人支付保险金。但如果被保险人不幸身故，保险公司不会支付任何赔偿，也不会退还保险费。因此生存保险也具有很强的储蓄性。

生存保险一般分为定期生存保险和年金保险。前者是指在被保险人到了指定年龄或合同期满后，保险公司一次性给付保险金，主要是为了满足被保险人到了一定年龄后的特定需要，如子女教育金、婚嫁金或养老金等。这种保险的费率低廉，保险金却很丰厚，但是由于给付期限较长，并且被保险人如果不幸身亡则无法获得赔付，单纯的定期生存保险已经不常见，大多是与死亡保险或年金保险相结合的混合险种形式存在。

年金保险是以被保险人生存为条件，保险公司按年、半年、季度或月定期支付保险金，直至被保险人死亡或合同期满的一类保险。我们经常听说的养老保险一般属于年金保险的一种，人们在年轻时用闲散资金投保，到了退休后没有固定收入，可以按月定期支取养老金以保障生活开销。从某种意义上来说，年金保险和寿险的作用正好相反。寿险是对被保险人不幸身亡而丧失收入的一种经济补偿，而年金保险是预防被保险人因寿命过长，在丧失收入来源后又耗尽储蓄的一种保障。因此，如果一个人的预期寿命与实际寿命相同，年金保险不会额外收益也不会造成损失，如果实际寿命更长，那么被保险人可以获得额外的收益。

两全保险

两全保险又叫生死和险，具有生存保险和死亡保险特点，是被保险人在合约期内死亡，或在合约期满后仍然生存，保险公司都会承担给付保险金责任的人寿保险。

两全保险的业务种类有很多，包括普通两全保险、双倍两全保险、养老附加定期保险和联合两全保险等。普通两全保险是被保险人在保险期内生存或死亡，保险公司都给付保险金；双倍两全保险则是被保险人在保险期内死亡，保险公司需要支付两倍的保险金；养老附加定期保险则给予更多保障，被保险人在保险期内生存，保险公司支付一倍保险金，被保险人在保险期内死亡，保险公司支付若干倍保险金；联合两全保险是指由两人以上联合投保的险种，在保险期内任意一人死亡，保险公司会支付全部保险金，保险合约终止；保险期内无一人死亡，保险公司支付全额保险金，并由被保险人共同领取。

由于兼顾了死亡保险的保障性和生存保险的储蓄性，两全保险的费率比生存和死亡两个单一险种高，但比同时投保两类保险要便宜。

人寿保险的缴费方式一般分为趸缴和期缴。趸缴是一次性付清全部保费，比期缴的总保费低，适合收入很高但不太稳定的人群，在当前有闲置资金并担心未来收入下降时可以选择趸缴的方式。期缴是分期缴纳保费，总保费虽然较高，但摊到每期后缴费压力会降低很多，适合收入一般但较稳定的一类人群。

在投保人寿保险时，投保人要考虑的因素包括个人的收入的稳定性、持续性和增长性，职业的危险程度、风险承受能力、负债情况，家庭日常开销等，并根据自身情况选择适合自己购买的保险类型，切忌不可因为过度保障导致生活水平下降，或是在背负贷款的情况下出现资不抵债的情况。

（2）人身意外伤害保险

人身意外伤害保险是在被保险人遭受意外伤害，导致身体受到损伤、

残疾或死亡时，保险公司进行赔付的一种保险。

与寿险、死亡险的区别是，意外伤害保险需要符合以下触发条件，首先是由被保险人身体外部原因导致的事故，如食物中毒、溺水、被歹徒袭击。

其次是瞬间造成的伤害，如跌落悬崖、触电等，像职业病这类因职业原因造成的身体损伤就不属于意外保险的范畴。意外伤害必须是被保险人不可预见或非本意的事故，如飞机坠毁。另外，身患疾病虽然不是被保险人的本意，但是属于身体原因造成的损伤，所以不能由意外伤害保险赔付，如脑梗塞引发的半身不遂，或心脏病导致患者去世。

最后是当被保险人的身体确实发生损伤时，保险公司才能对意外伤害进行赔付，如果事件的发生没有身体受损，那么也不在赔付的范围内，如触电但未伤及身体、呛水但没有造成生命危险等。

人身意外伤害保险只具有保障功能，不具有储蓄功能，因为购买后如果在保险期内未发生意外，保险合约到期后保险公司也不会支付赔偿金。此类保险的期限通常在一年以内，或几个月甚至更短，属于短期保险，且投保门槛不高，手续简单，保费较低也相对灵活，不论被保险人健康状况好与坏都能投保。

意外保险可以在一定程度上抵御风险，并且可以起到维护社会稳定的作用。通常政府会要求企业为从事高风险作业的职工集体投保工伤意外保险。经常坐飞机出差或出国旅行的人，也可以购买航空意外伤害险和短期旅游险。

在大城市上班的白领常常背负较重的房贷、车贷，经济压力很大。由于意外事件不可预测，他们可以每年花费较低的金额购买一份意外保险，在意外发生时至少可以维持基本生活，避免我们经常在新闻里看到的天降横祸导致家破人亡的惨案。另外，像行动不便的退休老人也可以购买此类保险以预防意外跌倒造成的经济损失。

（3）健康保险

人身保险除了保障生存死亡和外部意外带来的风险之外，还保障人体自身造成的损伤导致的风险，即健康保险，就是在被保险人的身体出现疾病时，保险公司赔付保险金的一类险种。

　　健康保险保障的疾病风险一般是指外来的非先天性的疾病，不包括像先天性心脏病这类出生时就自带的疾病。因为无论哪种保险，投保人和保险公司都是在风险事件发生概率上进行对赌。先天性疾病的发生概率几乎为100%，则意味着保险公司一定会进行赔偿导致亏损。

　　保险公司毕竟不是慈善机构，需要在精算师根据各类信息精确测算风险概率，保证公司盈利的情况下才能发售保险产品。但是由于被保险人的个人健康状况、家族是否存在先天性遗传疾病史、个人生活习惯和患重大疾病的风险都是相对保密的私人信息，精算师很难测算。所以在购买疾病保险时，为防止道德风险，通常保险公司会要求被保险人进行体检，并规定一段时间的免责期，避免被保险人带病投保的风险。

　　按照保险责任划分，健康保险一般可以分为医疗保险和疾病保险。医疗保险起源于中世纪的西欧国家，在工业革命取得成功后，家庭作坊被工业企业所取代，工人的工作压力增大，工作环境恶劣，但是工资却很低。于是工人们就自发地组织起来形成工会，工会向每个工人收取一点费用，筹集一部分资金，用于在工人生病时支付医疗费用，这就是最早期的医疗保险形式。

　　随着医疗保险的发展和人们认可程度的提高，各国政府越来越意识到医疗保险的设立对于社会稳定起到的非常重要作用。到今天，医疗保险已经发展成为由国家立法，政府设立基金强制实施，并具有社会强制性和互助性的基本社会制度，例如我国的社会医疗保险制度。

　　医疗保险的赔偿一般采用报销的形式，医疗费用先由患者垫付，再凭相关单据报销找保险公司报销。除了政府强制要求的社会医疗保险，许多保险公司也向消费者提供商业医疗保险。与社保不同，商业医疗保险是投保人自愿购买的一种保险。市场中的商业医疗保险种类繁多，如儿童医疗保险、住院保险、高端医疗保险等都是日常生活中我们接触比较多的产品。

　　疾病保险是从医疗保险中分离出来的一种产品，指的是在被保险人患上某种特定疾病后，由保险公司进行赔偿的一种医疗保险。随着社会发展带来的生活环境和食品安全问题日益增多，人们收入水平增高和工作压力增大，人们身患癌症等重大疾病的概率越来越高，更多的人也开始关注保障癌症的疾病保险。

身患重疾会耗费大量的资金治疗，但是一般的社会医疗保险的保障范围并不包括重大疾病，所以许多人会投保商业医疗保险。那么在购买保险产品时，覆盖重大疾病的保险包括消费型的商业医疗保险、返还型和分红型的重疾保险，人们应该如何做出选择呢？我们举一个例子。

假设小明今年30岁，他想购买一个最合适的投保方案以降低身患重大疾病带来的风险。如果投保期限是30年，小明每年只有500元预算用来购买保险，他可以购买消费型的医疗保险，保额50万元，如果当年患病则获赔50万元，不患病则损失500元。

小明还可以购买返还型重疾保险，但是保额比消费型医疗保险低，可能只有30万元，如果中途患病则不用再支付保险费，若到60岁时未患病，保险公司可以一次性返还30万元。或是购买分红型重疾险，但是分红的金额不定，并且保额可能只有20万元，是三种保险中保额最低的。

经过测算[①]，在每年患病概率不变，并且分红型保险每年的分红比例一定（按缴纳保费的10%计算）的情况下，小明选择消费型医疗保险的期望收益是最高的，分红型重疾险的期望收益最低。在现实的保险市场中，每一类产品保障的具体范围不一样，但是在保费相同的情况下，预期收益与我们给出的例子相近，感兴趣的读者可以找一些相似的产品自行测算一下。

随着医疗水平的进步，过去的许多不治之症如白血病和一些癌症，在今天都可以通过特殊的药物进行治疗，但是长期用药的开销是巨大的，一般家庭根本承受不起。消费型医疗保险的另一个好处在于每年花费很少的钱就可以报销这些耗费巨资的药物，大量减轻了患者的负担。在购买保险产品时，最好把消费型医疗保险和单纯的重疾保险按照一定比例进行配置，这样当被保险人不幸患有重大疾病时，既可以通过消费型保险报销医药费用，也可以获得重疾保险的高额赔偿金，降低经济压力。

消费型保险的期望收益比分红型保险多，保险的保障范围又差别不大，为什么生活中保险销售人员会经常向我们推销分红型保险呢？在本章第二节我们分析过，保险是零和博弈，保险公司在分红型保险可以赚取更高利

---

① 以每年患病概率1%计算，30年后消费型保险的期望收益是 -11 264元，返还型保险的期望收益是 -12 758元，分红型保险的期望收益是 12 955元。如果每年患病概率递增，那么三者的差距将更大。

润的情况下，为鼓励销售人员多推广分红型保险，给予销售人员的分成比例也较消费型保险和返还型保险高得多。

所以，在我们选择商业医疗保险时，一定要仔细甄别，有能力的读者可以按照上述方法计算一下每种保险的期望收益再做出选择。特别是在被保险人上了年纪的情况下，购买保险时要避免保费倒挂，即保险费比保额还高的情况出现。

4. 保财的险

英国谚语："财富从辛苦中得来，在忧虑中保持，在悲伤中失去。"

财产保险是以财产作为保险标的的一种保险。起源于中世纪的意大利。15 世纪末 16 世纪初，世界进入了大航海时代。但是由于早期船舶技术不发达，并且海盗活动猖獗，出海的船只如果遭遇暴风雨或者海盗的袭击基本很难全身而退。但是恶劣的天气和海贼出没等事件发生的概率不高，于是善于动脑筋的商人从中发现了一个商机，他们告诉船主在出海前交一笔钱，如果船只出事了，那么商人会赔给船主一笔钱用来买新船，如果船没出事，那么商人不退钱。这样商人赚了钱，船主在海上遇到突发事件后也可以减少损失，这就是海上保险的雏形。

之后不久在英国伦敦发生了非常严重的火灾，因为当时的房屋都是木制的，一把大火就可以把一整幢房子夷为平地。借鉴了海上保险的成功经验后，有些商人开始为房屋担保，他们鼓励房主出钱，如果谁家的房子被烧了，就用这笔钱赔付，如果没出事，钱就归商人，这就是火灾保险的起源。

后来，依照海上保险和火灾保险的模式，财产保险的范围扩大到几乎一切自然灾害和意外伤害，保险标的也从船舶、房屋发展到几乎所有有形财产，随后延伸到各种无形财产，并且财产产生的收益也被纳入到保险标的中来。

广义的财产保险分为财产损失保险、责任保险、信用保险。保障范围包括了除人身以外的一切合法财产，如船舶、汽车、房产、货物等有形资产，以及企业声誉、企业数据等无形资产。

财产损失保险是以各种有形的物质资产为标的的财产保险，按标的物进一步分类，包括以家庭财产为标的的家庭财产保险，以企业资产为标的的企业财产保险，以飞机、船舶、汽车等交通运输工具为标的的运输工具保险，以运输途中的货物为标的的货物运输保险，以及以工程项目为标的的工程保险等。

我们以生活中接触最多的汽车保险为例。买车后大家都会为爱车投保，以避免驾驶过程中遭遇自然灾害或车祸导致经济损失。一张汽车保单中有各种类别的保险，较为常见的车辆损失险就是财产损失保险的一种。它主要赔偿被保险车辆在事故中的损失或由被保险车辆给第三方车辆及人员造成的损失。

车险中的划痕险和玻璃险也是财产损失保险，只不过保险标的更加具体。顾名思义，划痕险是车辆有划痕时可以获得赔付，玻璃险是在机动车玻璃损坏时可以赔付。与车损险的区别是，划痕险是在车辆静止时漆面被划伤可以进行理赔，但是赔偿通常有限额，从 500 元至 2000 元不等，一旦超过限额，就需要自行承担多出的维修费用，车损险则没有限额，可以一年多次累计进行赔付。

玻璃险与之类似，当车辆玻璃单独受损而车辆自身没有受损时车损险就不能进行赔付，只有购买了玻璃险才能获得保险公司对玻璃损伤的赔偿。但是在日常生活中，玻璃单独破损的概率非常低，即便破损，一般轿车更换玻璃的价格也在几百元至千元左右，而每年玻璃险的保费往往需要花费几百元，因此在玻璃破损率不高的情况下，可以仔细斟酌是否考虑单独购买玻璃险。

责任保险指的是被保险人对第三者依法负有民事赔偿责任时，由保险公司进行赔偿的财产保险形式。相对于其他保险类型，责任保险的起步较晚，始于 19 世纪末的美国。随着商品经济的发展，市场制度的完善和人们法律意识的不断增强，民事索赔的案例开始增加，为减轻被保险人因民事赔偿导致的经济压力，同时保障受害者的合法权益，美国的保险公司以被保险人的民事赔偿责任为标的，创造出责任保险的产品形式。

生活中我们接触最多的责任保险产品是汽车保险中的交强险和第三者责任险，其中前者是国家法律规定的强制保险制度，强制车主必须每年进行投保，否则会受到相应处罚。交强险的赔偿额度较低，如果事故发生产生的赔偿数额较高，额外部分需要车主自行承担，所以第三者责任险作为

商业责任险也成为车主必买的保险之一。

信用保险，是指债权人在向债务人提高借款后，以债务人的信用为标的的一种保险，若债务人不能按时还款，投保人则向保险公司要求赔偿。这类保险一般用在企业销售产品时为产品的买家进行的投保，发货后如果买家违约不付款，则由保险公司进行支付。实际操作中由投保企业为其买家向保险公司申请限额进行赊销，交易额超过限额后买家需要及时付款，否则会发生违约。

5. 宏观经济与保险投资

《过秦论》：“深谋远虑，行军用兵之道，非及曩时之士也。”

　　保险作为金融产品往往是一种长期投资，在购买保险时应该深谋远虑，合理规划好一生的收入和支出。影响人们购买保险的宏观经济因素通常包括未来的政策目标，以及利率、通货膨胀率、失业率等经济指标，更重要的是经济的周期性波动保险的购买时机。但是这种影响只针对分红型保险，保障型的保险基本不会受到冲击。

　　分红保险的收益一般分为保底收益和分红收益，消费者在购买时应关注保险单的现金价值，现金价值与保险合同中约定的预定利率关系紧密，预定利率越高，现金价值越大，并且预定利率一旦写入保险合约，就不会随着市场利率的波动而改变。一般分红型保险的预定年化利率在 2.5% 左右，较为固定，这部分就是保底收益，即使在保险公司投资亏损的情况下，也可以获得稳定的回报。

　　分红收益，即保险公司挣得越多，分给受益人的收益也越多，一般受益人可以拿到全部投资收益的 70% 作为分红。但是保险公司投资赔了钱，则不会产生任何收益，保单受益人就得不到任何分红。

　　分红型保险是保险公司最主要的盈利产品，也是保险公司争夺客户最激烈的战场，保险代理人如果成功推销分红型保险，可以拿到丰厚的佣金作为回报。在 20 世纪 90 年代，保险公司为了扩大规模从社会上招聘了许多保险代理人，他们为了吸引客户经常会做出一些不靠谱的承诺，如把分红收入也作为保底收入告知客户，而当保险公司无法兑现高额收益时客户已经无法退保。当时的野蛮扩张导致了保险行业的名誉受到很大损害，影响甚至波及到今日。

因此，消费者在购买分红型保险时要非常谨慎，弄清保险合约中各种分红的概念。另外，还要参考当前的宏观经济政策和指标，选择最合适的买入时机。因为不同的市场环境会导致分红型保险的收益与保费产生波动。

如果政府实施积极的政策调控经济，在未来的一段时间央行可能会降低利率，或增加在公开市场买入债券的操作，市场流动性增强，通货膨胀率上升，失业率下降。在这种情况下，如果之前购买了分红型保险，则不用担心利率下降造成储蓄回报降低，因为这部分风险是由保险公司承担。

因此在流动性较强时，市场利率下降，分红型保险的潜在收益就会增加，保费也会增加。同理，政府为防止经济过热收紧政策时，市场利率上升，保险单的现金价值降低，保费也相应下降。

在经济周期波动且政府政策逆周期调节的背景下，根据上面的分析，经济出现过热时买入一些分红型保险产品就是很不错的选择。经济增长使得收入普遍上升，人们有闲置资金，且保费也相对便宜。在投保后如果经济出现下行或是产生经济危机，流动性收紧，分红型保险也产生稳定的收益。

分红型保险的收益较低，擅长投资或风险承受能力较强的人可以把资金投入到收益更高的金融产品上去，不擅于投资或风险承受能力相对较差的人则可以考虑在经济出现过热并且有闲置资金的情况下买入一些作为定期储蓄的替代品，规避市场利率下行的风险。

本章我们首先介绍了保险行业的起源及发展，其次讲述了在保险合约中投保人与保险公司如何在信息不对称的情况下进行博弈，以及保险公司如何防范逆向选择和道德风险。我们还分别介绍了各类人身保险和财产保险的特点及适合购买的人群，最后分析了宏观经济如何影响分红型保险的购买。

保险通常具有保障性和储蓄性两个特点，但是作为一种转嫁风险的机制，在购买保险时应该把两种特点剥离，优先考虑保险的保障功能，再考虑产品的投资回报问题，千万不可本末倒置，导致投资风险进一步增加。

第六章

买房还是租房

1. 开发商真的那么赚钱吗

> 杜甫："安得广厦千万间，大庇天下寒士俱欢颜，风雨不动安如山。"

从古至今，中国人对房子都有一种特殊的情结。因为房子在人们心里等同于家的概念。"家"是会意字，上面是宝盖字头，表示房屋，下面是"豕"字，即猪的意思。我国古代，猪是非常重要的牲畜，在石器时代猪就被驯化和圈养，象征财富和生育。把猪放在屋子里就是家字，说明家对于我们来说有着无与伦比的意义。中国人讲究成家立业，传统的观点认为，无论大小，只有拥有属于自己的房子才算是成了家。

房子还是人们的避风港，杜甫在《茅屋为秋风所破歌》中写到"安得广厦千万间，大庇天下寒士俱欢颜，风雨不动安如山"，说的就是如何才能得到千万间宽敞高大的房子，在风雨中安稳如山，庇护天底下的读书人，让他们开颜欢笑。所以有了房子，才有遮风挡雨的地方，才能结束居无定所的生活。

时至今日，房子已经不单单是生活的居所，还具备了投资的属性。随着经济的发展，在经历了一轮又一轮的改革浪潮和房价暴涨后，人们已经意识到买房是抵抗通货膨胀、实现资产升值非常重要的手段。许多人采用贷款买房，以租养贷的方式投资房产，在房价上升的时期获得了非常可观的收益。

在经济学中，房子作为有形资产的一种，与无形的金融证券不同，持有房产不仅可以居住、增加自身效用，还可以出租获得收益并抵抗通胀，肩负了居住属性和金融属性。

房产的两个特点导致了买房子的消费者通常包含了两类人，即买来居住的刚需人群和投资赚取收益的投资客。因为目标不同，这两种人在买房时关注的焦点也不同，如刚需人群看重房子的楼层、朝向、小区环境、周边配套、交通是否便利等因素，投资客除了上述几点，则更加注重房价租售比和投资回报率等经济指标。但不论是哪类人群，在购买房屋后，都希望房价可以快速上涨，房产能够迅速升值。

要理解房价怎样才能上涨，我们需要先了解房子的价格是由什么构成的，在一幢房屋建造的过程中，都有哪些成本，开发商怎么挣钱，了解了这些，才能明白哪些因素会影响房价。

一个房地产楼盘从碎瓦颓垣般的旧址拆迁，到琼楼玉宇拔地而起，需要房地产开发商、政府、设计院、建造商、原材料供应商、装修公司、销售服务公司、物业公司等多个部门和企业共同配合，其中核心的运营机构是房地产开发商。开发商从拿地到商品房销售再到下发房产证，不仅要经过好几年时间，还要完成上百个手续，复杂和辛苦程度不言而喻。

有些人会说就是居心不良的开发商只知道一味追求赚钱，才推高了土地价格，导致房价上涨，老百姓买不起房。实际情况是这样吗？我们先从我国房产开发的流程说起。

假设一个企业家要在风景秀丽的海南开发一个楼盘，他要先成立一家房产公司，申请各种执照和资质。公司设立并且手续完善后，项目才能正式启动。盖房子需要土地，项目启动后的第一个重要工作就是从政府手里拿地。我国的土地都属于国有资产，所谓拿地只是政府把土地使用权转移给开发商，转移的形式就是我们常听到的土地招拍挂，即招标、拍卖、挂牌制度的简称。

土地出让金

招拍挂制度中，政府对出让的土地进行公开招标，在当地土地行政主管部门发布挂牌公告，参加竞标的开发商需要先缴纳一定保证金，再参与竞价，新的竞买人出价后政府更新挂牌价格，直至挂牌期限截止，出价最高的开发商以最高价成交，即一价拍卖、价高者得。中标的开发商与政府签订土地出让合同，并在按照中标价缴纳土地出让金后，就可以从政府处获得土地使用权和相关的手续了。

土地出让金是我国地方政府的主要收入来源，也是房地产开发的主要成本之一。一般房地产项目土地出让金占总成本的30%左右。近年来，土

地出让金不断上升，2009 年为 1.4 万亿元，到 2017 年已经超过 5 万亿元。土地出让金受国家宏观调控政策的影响很大，也是影响土地供给进而影响房价的重要因素。

拆迁安置补偿费

在拿到土地后，项目正式开工之前，还有一项非常重要的工作需要完成，就是要拆除土地上的旧建筑，同时对被拆迁房屋的所有人进行补偿和安置。由于是与人直接打交道，这一步显得至关重要，许多开发商就是在拆迁过程中处理不好与当地老百姓之间的关系最终导致项目失败。对于拆迁户的补偿与安置费用也是一笔不小的开支，关系到开发商的成本控制和项目最终的利润。这部分费用不固定，有些项目不需要进行拆迁，有些项目比如老旧城区改造政府也会给予一定补贴。完成了拆迁安置工作，项目就可以正式开工启动了。

设计与策划费

在处理土地问题的同时，为降低时间成本，房产开发商可以进行项目的前期调研、策划、规划、设计、可行性研究、地址勘察以及"三通一平"等工作。这部分主要开销是由专业的设计公司出具各种报告的制作费用，软成本较高，占比不超过整个项目成本的 10%。

建安成本

取得土地使用权并且完成前期各项工作后，开发商就可以盖楼了。但是，这项工作需要由有资质的建造商来完成。开发商通过公开招标的方式选择项目施工方、原材料供应商和房屋设备供应商，由施工企业按照项目的规划和设计进行现场施工。这部分费用叫作房屋建安成本，也就是房屋建筑成本和设施设备安装成本的统称。

建安成本较为固定，包含原材料费用及工人工资。所以，在原材料价格上涨、工人工资上升时，建安成本也会随之增加。此项费用总体波动不大，据测算，国内的建安成本在每平方米 1500~2000 元左右，在房产开发中占比较为固定，平均占到房屋成交价的 15% 左右，但是在国外平均建安成本占房地产总开发成本高达 70%，这也从另一个角度说明了我国的高房价确实有一部分原因是由于土地出让金过高所导致的。

市政公共设施配套费

房子盖好后，还要有满足日常生活的基础设施，如道路与桥梁、电力、自来水、天然气、热力、污水处理、电信、绿化等，这部分是开发商必须投入的建设费用。有些开发商为增加房产价值，还会为居民提供配套服务设施，如医院、学校、幼儿园、超市、银行网点等。在我国市政公共设施的建设成本较大，一般占到项目总成本的10%~15%。

管理及销售费用

与一般的企业一样，房地产开发商也存在管理和销售费用，其中管理费用指的是项目管理人员工资、差旅费等，销售费用是在销售过程中产生的广告费或销售公司的佣金，两者都属于比较固定的开支，占总成本的比例在5%~10%，不会超过10%。

资金利息

房地产项目开发周期长，投资数额庞大，多数开发商会在获取土地使用权后将土地作为抵押，从银行或非银机构处取得贷款以缓解巨大的资金压力。因此，在项目开发过程中筹措资金带来的利息也是开发商的主要成本之一。利息成本与市场利率的波动关系紧密，如果市场利率较低，会在一定程度上降低房企成本，缓解企业的资金压力，但是与高额的土地出让金和建安成本相比，这部分费用可谓九牛一毛。

税收及行政费用

根据我国法律制度的要求，整个房地产开发项目的流程中，开发商在不同环节都需要缴税，包括房产税、城镇土地使用税、土地增值税、耕地占用税和其他公司经营涉及道德的一般税种，并向地方政府和各级部门缴纳行政管理费用，包括征地管理费、城市建设配套费、人防费、煤气水电增容费等。开发商需要缴纳的税收和行政管理费种类繁多，占房地产项目总成本的比例不低，可以达到15%~25%。

图6.1就是某房地产开发企业从拿地到完成销售的简略流程以及需要支付的成本。由于成本开销巨大，项目周期较长，房地产开发行业并不是我们所认为的暴利行业，根据国家统计局公布的数据，我国国有房地产企业的平均销售利润率[1]在15%~20%，2017年下降到11%。

---

[1] 销售利润率指企业利润与销售额之间的比率。

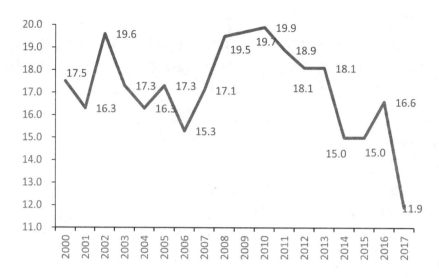

图 6.1　2000 年 ~ 2017 年国有房地产企业销售利润率

（数据来源：wind 资讯）

掌握了房地产开发的各种成本，下一步我们需要了解开发商是如何给房子定价的，房价体现了房产的哪些具体价值以及影响房价的核心因素有哪些。

2. 房价是怎么被决定的

任志强："历史证明房价永远是只涨不降，短期内有升有降。"

　　房地产开发商给房产定价前需要考虑各方面的因素。我们知道，在任何有效市场上，商品的供给等于需求，从而决定了商品价格，如果房价定的过高，会抑制需求，导致供过于求，房子卖不出去影响销售；如果房价定的过低，虽然房产会大卖，但是也会影响开发商利润。

　　一套房子的成交金额通常很大，住房又是老百姓的生活必需品，因此开发商要实现利润最大化，尽最大可能榨取消费者剩余，一定会采用一房一价的方式，使每套房子都满足均衡定价。这样就需要开发商搜集足够多的市场信息，充分了解房产所在区域的市场需求、消费者的购买力、周边配套设施、附近楼盘均价以及其他影响房产销售的外部因素和企业利润、资金回收周期等内部因素，并根据每套房子的楼层、朝向、户型等具体特点实施定价策略。

　　但是即便从市场中搜集了足够的信息，开发商也不能随意定价，因为房子毕竟与民生息息相关，在市场供给有限、老百姓又迫切希望改善生活条件的情况下，如果房子定价过高，势必会给人们增加生活负担，导致社会不稳定因素增大。同时为了防止开发商捂盘销售，政府要求每一间待售房产的价格都要进行备案，如果开发商在销售时需要调整价格，调价范围也必须在备案价格上下范围内波动。

　　那么我们如何判断开发商为房产定的价格是否合理呢？前文提到，房产作为一种有形资产，除了能像无形资产一样给投资者带来收益，其自身还具有一定价值，即持有房产给人们带来的效用提升。

　　金融经济学中，一种无形资产如股票的定价通常等于未来若干年公司

分红折现到今天的总价值，但是在现实的市场中，股价通常会高于未来收益的折现和，这是因为股票自身也有一定价值，这部分价值就是股票的溢价或我们常说的泡沫。

所以，房产的自身价值，即其对效用的提升就可以理解为一种房产溢价，这种溢价是由于刚需引起的。当经济发展到一定阶段，社会中每个人都持有足够的房子时，再拥有更多的房子也不会增加人们的效用，房产的刚需泡沫可能就会破裂。

房产价格存在溢价的另一个原因是由房产的金融属性所引起。假设投资者预期某种资产的价值会上涨，那么他会增加对这种资产的持有量。当资产价格上升，直到高于投资者预期，或经济形势不好，导致投资者预期下降时，资产的泡沫也会破裂。

房价是否合理，取决于价格是否正确包含了房产的自身价值和租金回报。即：

房产的价格 = 房子自身价值 + 租金回报

我们以北京市某楼盘 2018 年的房价为例，该楼盘当年的平均房价为65 370 元 / 平方米，楼盘内出租的房屋平均租金为每年 995 元 / 平方米，因此如果以 70 年的产权来计算，每平方米能收到的全部房租为 69 659 元。二者之差等于房子自身价值，或者称为房产的溢价。

房产溢价为负，即等式的左边小于右边，说明房产的当前价格较低，未来可能会出现上涨。如果溢价为正，房价大于租金回报，则房子自身价值大于零，这也许是合理的，但是当房产周边刚需都得到满足时，房价就存在下跌的风险，需要格外注意。

那么如何判断一个地区的刚需是否得到了满足，房产的供给能否填补人们对房子的居住需求呢？我们可以通过调研一个城市的常住人口数量的变化、新生儿出生率等人口指标来推测人们对该城市房产的需求，用房地产投资额或项目开工数度量当地房屋的供给。这些数据是反映区域房地产市场和经济情况的重要指标，国家统计局每年都会定期对外发布。

当一个地区的常住人口持续下降、生育率降低时，说明出现了人口流出或人们的生育意愿减弱导致新生儿数量减少的现象，那么在未来居民对房屋的需求会降低。如果该地区房地产投资额每年还在持续上升，则房产的供给在未来一段时间内会增加。刚需不断减少，供给却在增加的情况下，这个城市的房价大概率会出现下跌。

这就是最简单的分析房价的逻辑，顺着这个思路，进一步分析哪些原因会影响城市的人口流动和房屋供给。影响人口流动的因素包括城市环境、工作机会、人均收入、教育和医疗条件等，而房地产政策的调节、开发商对市场的预期、土地价格波动会导致房屋供给的变化。从需求侧和供给侧两个角度分析宏观经济对上述因素的影响后，推测一个地区的房价的涨跌趋势就不会像盲人摸象一样毫无头绪了。

上面的例子中，该楼盘的房产溢价虽然为负，但是 70 年的租金价值与房产价格相差无几，说明房产已经存在溢价，投资就需要慎重。经济学中用来分析楼市运行状况的一个重要指标是租售比，即每平方米使用面积的月租金 / 平方米建筑面积房价，采用这种方法计算，上述楼盘的租售比为 1:788。国际上通用的标准认为合理的房屋租售比在 1:200~1:300，进一步说明了该楼盘价格存在一定泡沫。

租售比可以帮助我们分析房产的投资收益情况。比如在北京，长安街以北的房价普遍比长安街以南的房价要高，一间北三环 50 平方米的房屋总价格基本和南三环 100 平方米的房屋总价格相差无几，但是周边环境相同的条件下，后者的房屋租金往往比前者高出不少，租售比更高。所以对于以投资为目的的购房者，购买租售比更高的房子，资金回收周期往往更短。

3. 房产中介的生意经

> 塞万提斯《唐吉诃德》："好东西太多了就没有价值；糟东西稀少了也会可贵。"

回顾过去 20 年，房产价格上涨导致的通胀，使得我国大量的社会财富流向房地产行业。给我印象最深的一个例子是我的一位前同事曾经在外企上班，2007 年的时候她考虑用 60 万元付首付购买一间 80 平方米的北京房子，可是在那个年代，每平方米 8000 多元的房价让她一直犹豫不决。2008 年的 4 万亿元开启了房产市场的井喷式增长，到了 2014 年左右房价已经翻了 4 倍，那套房子的首付金额提高到 240 万元，而她的工资收入每年涨幅不超过 10%，于是她再也负担不起高额的首付，也可能永远错过了在北京买房的机会。

除了宏观经济增长和政府宽松的房地产政策会在一定程度上导致房价上涨以外，许多人认为推高国内房价的另一个原因要"归功于"房产交易中介。有过购房置业或卖房经历的读者应该对房产中介并不陌生。特别是在北上广深等一线城市，中介几乎参与到每一笔房屋交易的过程中，并起到了至关重要的作用。

房产中介的功能相当于证券交易中的做市商（或坐市商），即在证券市场上向买卖双方提供证券报价，并促成交易的特许交易商，也就是我们常听到的券商。做市商使得买卖双方不用真正见面即可完成交易，如买方想买入一只股票，只要向券商报价，券商收到报价后在市场中寻找卖家并报出价格，如果持有这只股票的卖家愿意以该价格出售，交易就达成了。正是由于做市商的存在，才使得证券市场可以维持正常的流动性，满足公众的投资需求。

房产中介的作用也是如此，促进了房产交易市场的活跃性。但是在交易细节上房产与股票存在一定差异。房子不像股票，是有形资产，并且不是标准化产品，每间房子的特点和历史都不一样。房地产市场存在严重的信息不对称，因此在交易过程中，中介还需要带买方实地看房，不能只通过数量和价格信息就完成交易的撮合。

所以，中介的存在降低了买卖双方信息的壁垒，如果没有中介，卖方在交易过程中为了最大化自己的利润，势必会隐藏房屋信息，如凶宅或是房子存在的质量问题，都不会披露给买方。但是这些信息房产中介都可以进行查证，对交易标的的质量进行第三方认证或担保，理论上减少了买家的利益受到损害，这就是房产中介的第二个作用。

另外，中介还降低了买房者的信息收集成本，缩短了交易时间。在房产中介诞生前，有购房意愿的消费者需要把大量的时间和精力花费在搜集房源信息、联系房主、预约看房、处理交易合同等琐碎的事情上。中介兴起后这些业务都可以交给第三方完成，交易效率得到大幅提升。

综上所述，房产中介起到了提升市场流动性、减少信息不对称以及提升市场效率的作用。因此在完成一桩交易后，中介收取适当的佣金也具有合理性。那么为什么有人会说中介的存在推高了房价呢?

中介收费本身无可厚非，可是问题出在了收费模式上。由于不同区域的房产市场供求关系不同，中介收取服务费的对象也不相同。虽然国家有规定买卖双方各负担一半中介费，但是像北京这种房屋需求量很大，房产供应紧张的一线城市，手握优质地段房产的业主具有绝对主动权，形成了鲜明的卖方市场，房产中介会向买方收取全部佣金，一定程度上加重了购房者的资金压力。

另外，中介费一般按照房屋成交价的百分比进行收取，虽然国家规定这一比例不能超过2%，但是在动辄成百上千万元的房产交易中，中介费也会达到几万元甚至几十万元不等，对于贷款买房的刚需人群来说也是一笔不小的费用。同时按比例收费的方式还造成了房屋成交价越高，中介赚取的收入就越多，这样就使得中介与卖房者的利益高度一致，这就帮助业主推高了房价。

为了促成交易，有一些中介在交易过程中会采用过度夸大事实、故意

歪曲国家政策、鼓吹限购限贷、刻意制造恐慌情绪等手段，误导购房者做出错误判断。例如，我亲身的购房经历，在买房进行谈判时，中介曾假装接到其他购房者打来的电话，要求加价购买，由此给买方施加压力，以便高价促成交易。

如果有意观察，我们还可以注意到一个事实，就是没有底商的小区，同等房子的价格通常比周边有底商的小区价格低一些，这可能是由于没有底商导致居民生活不便引起的，也有可能是因为没有底商就没有房产中介的门店入驻，造成了中介人员带购房者看房不便，降低了他们推销小区房子的动力。

4. 买房还是租房

> 《天朝田亩制度》："凡天下田，天下人同耕。"

"耕者有其田，居者有其屋"，在中国恐怕是最朴素的追求了。很多年轻人在步入社会后，都会以赚取买房作为工作和生活的首要目标。可是在房价高涨的时代，身无分文的年轻人要购买动辄几百万元的房子，就好像没有经验的登山者要攀越珠穆朗玛峰一样艰难。

虽然租房也能成为他们退而求其次的选择，一定程度上能够解决居住问题，但是当年轻人面临成家、结婚等问题时，买房又成为不能逃避的话题，因为租房不等于买房是中国人根深蒂固的思想。

一方面，由于中国人还缺乏诚信的意识，租房的违约事件频发。当房价上涨过快，租金的价格也会水涨船高，有些业主宁愿选择支付违约金，也要上调租金，使租客十分被动，时刻面临着搬家的风险。另一方面，租房市场制度尚不完善，租房与买房居民享有的权利不等，即租售不同权，租房者不能像买房者一样享受当地公共教育、医疗卫生、劳动就业、残疾人保障等基础服务。

其中教育是附加在产权房上最关键的公共服务，也是租房者最关注的基本权利。当前在教育资源稀缺的情况下，租售不同权导致租房者还不能像买房者一样，享受子女就读居住地周边的学校的权利。因此租房确权可以降低人们的买房热情，稳定房价。房价平稳也使得业主违约的动力下降，可以进一步打消租客的顾虑，降低他们的购房需求，形成良性循环。另外，租售同权也能吸引人才流入、聚集要素，为城市未来的发展奠定基础。

那么当人们面临买房或者租房的选择时，应该如何做出最优的决策呢？我们可以简单测算一下：现在有个年轻人有40万元储蓄，他想选一间面积

100 平方米的房子居住，市场上的房价是每平方米 1 万元，房产总价就是 100 万元。

年轻人选择买房，则需要贷款 60 万元，如果贷款期限 20 年，贷款利率为 6.55%，那么按照等额本息的还款方式，他每月需要还款 4491 元，总计还款 107.8 万元，其中额外支付的利息为 47.8 万元。假设房价每年上涨的比例为 3%，20 年后的房价将达到 180 万元，减去贷款成本，购房的总收益为 73 万元左右。

如果年轻人选择租房，房屋每月的租金为 3000 元（租售比在 1:300 左右），那么 20 年的租金为 72 万元。因为年轻人手中还有 40 万元的储蓄，他可以在租房的同时用这部分钱进行投资。假设投资的收益率与房贷利率一样为 6.55%，20 年后总投资收益将达到 142 万元，减去房租后，租房的总收益为 70 万元，与买房的收益相差无几。

所以，在房贷利率、房租和当前房价都不变的情况下，权衡买房与租房收益的关键因素就是 20 年后的房价。过去 20 年中国房价上涨速度飞快，年增长率远超过 3%，买房的收益远远大于租房收益。但是当房价进入稳定期后，二者的差异就变得不大。若房价零增长，或房地产泡沫破裂造成房价下跌，则租房还会产生更高的收益。因此，正确判断宏观经济形势并合理分析未来房价的走势就显得尤为重要了。

5. 美国投资买房的坑

随着中国经济飞速发展，房产不断升值，许多人认为国内房价的增长空间已经不大，于是他们纷纷把目光瞄准了海外市场，像美国、欧洲、澳洲都成为中国人炒房的第二战场。

在国外买房投资除了要计算收益率外，还要对国外的经济形势和当地政府的房地产政策进行充分了解。特别是在美国和欧盟地区，每个州或国家的政策都不一样，盲目投资则会遭遇不可预知的风险。

拿美国为例，美国的房地产政策与我国有很大差异。许多国人认为美国土地是私有的，所以在美国买了房子就永远属于自己的了，世世代代都可以继承，实际上这种观点存在一定误区。

首先，房子和食品一样，也是有保质期的。一般房屋的使用年限在50~70年，过了这个时间，房子就变成了危房，存在严重的安全隐患，需要重盖或大修，所以土地私有制也无法保证购房者永远拥有自己的房子。

其次，在美国只有58%的土地是私有的，32%的土地属于联邦政府，剩下10%属于各州及地方政府所有。即使购买的是私有土地，居民也不能在上面随意盖房，因为受美国法律限制，房子的高度、样式、所用材料，甚至是房屋的颜色和玻璃的厚度都要报备当地政府规划部门进行审批。

如果买的是一处附带房屋的地皮，在对原有房屋返修时也要使用规定的颜色和涂料，并不能改动任何墙体。要是拆迁翻盖新房，更需要政府部门同意才可以施工，手续非常复杂。国内许多人在城市郊区购买别墅后，可以放养宠物，种植花草，甚至有人会在花园里种植农作物，而这种情况在美国根本不可能发生。因为在美国的别墅里种花种草，一定要按照当地

政府的要求种植规定的种类，院子里也不能随意养动物，并且还需要花费大量的时间修建草坪、打理花园，否则会收到政府的罚单。如果仅在美国买房投资又不去居住，就要聘请专业的园林公司对花园进行维护，这也是一笔不小的开支。

还有人说美国土地私有，那么在地下发现了石油、黄金都是自己的，这种说法更是无稽之谈。美国禁止私人进行资源和矿石的开采，企业开采业需要政府的允许，并要花费大笔的资金和时间申请相关手续，像煤炭、石油这些资源都属于国家战略储备，在大部分地区是禁止开采的。

在美国，虽然有很多限制，建在私有土地上的独立住房依然属于私有产权。但是如果购买的是一间公寓，一栋楼好几百间房子建在了一块土地上，土地的产权应该如何分配呢？根据美国法律，购房者拥有自己公寓的产权，楼道公共区域和土地则属于全部住户共有。有些地区的业主还会成立一个公司，每个业主都成为公司股东，大家集体出资以公司的形式买下土地，并聘请专业人员进行物业管理，类似于国内的集资建房。

美国房产的持有成本非常高，除了房屋的维护费用以外，买房者最主要的开销是房产税。2017年，美国人均缴纳的房产税达到2100美元，折合人民币接近1.4万元，其中新泽西州的房产税缴费比例最高，达到了2.35%。如果房产是从上一代人手中继承的，还面临着高额的遗产税。

上一节的分析中提到买房投资是否划算，取决于房产未来的升值空间有多大。近20年来，美国的GDP增长率为3%左右，根据测算过去100年美国长期的平均房价增长率也接近3%，略高于2.8%的通胀率。当有些年份的涨幅超过3%时，之后几年就会没有增长或在一定程度上下跌。而当某些年房价下跌时，之后一段时间也会回升，使房价的长期增长率一直维持在3%左右。

如在2008年次贷危机爆发后，房价经历了短暂的下跌，但在之后几年又迅速上涨，总增长率依然维持在3%左右。由此看来，美国的房价增长十分平稳，在未来大概率也不会出现大起大落的情况，如图6.2。

图 6.2　美国 GDP、(OFHEO) 房屋价格指数[①]、CPI 同比增长（1976—2018）
（数据来源：wind 资讯）

因此，高额的房产持有成本和平稳波动的房产价值阻挡了大部分想在美国房地产市场投机的投资者，这也是美国房价稳定的主要原因。国内投资者在海外购房前要做好规划，掌握足够信息，了解各类成本，精确测算好投资收益率，同时还要考虑汇率的波动和其他宏观经济形势的变化。

---

① （OFHEO）房屋价格指数是由美国联邦住屋企业督察局（Office of Federal Housing Enterprise Oversight）发布的房价指数。

6. 宏观经济与房价

王安石："因天下之力，以生天下之财；取天下之财，以供天下之费。"

与投资房产直接相关的宏观因素是利率。利率的波动影响房贷成本，进而影响消费者的购房需求。利率下行阶段，市场流动性充足，存贷利率下降，银行也会适当降低房贷利率，贷款买房产生的利息就会降低。还款的压力小了，购房的需求自然会增多，房价就会上升。由于利率的传导存在一定滞后性，并且房产交易的过程很长，因此通常在利率降低一段时间后房价才会迎来上涨。

如图 6.3 所示，我国首套平均房贷利率的变化在 2017 年 4 月前都领先于百城样本住宅平均价格，并呈相反方向变化，但是在 2017 年 4 月后，上调房贷利率后的一段时间里住宅均价还处于上涨阶段，这可能是由于之前一段时间房贷利率下调过快造成的影响还没有完全消散。

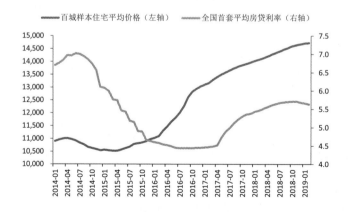

图 6.3　我国房贷利率与住宅价格走势（2014—2019）
（数据来源：wind 资讯）

政府为了稳定房地产市场，在调节房贷利率的同时还会采用一系列方法调控房价，如改变首付比例、实施限购限价政策、征收房产税、限制土地供应等。2017 年是近年来房地产调控政策出台最为密集的一年，为了防止房价过快上涨，全国数十个城市出台了上百条政策。步入 2018 年后，全国房地产市场，特别是一线城市市场逐渐进入寒冬。

除了直接作用在房产市场的政策手段以外，政府也会采取刺激需求的间接手段影响房屋供求情况。例如，全国范围内全面放开二孩，可以在一定程度上提高人口增长率，达到刺激房产需求的目的。

影响地区房价的指标还有人口变化。前文提到，如果一个地区人口持续流入或新生儿出生率上升，令常住人口不断增加，新迁入的居民或新生儿父母的新增购房需求会导致当地房价出现上涨。我们可以在国家统计局网站上找到定期发布的人口数据和出生率，将二者结合起来分析房价变化。更方便的是，我们也可以用一个地区的大学生毕业人数作为人口变化的替代变量。因为大学生在毕业后一般都会参加工作并在几年后于当地购置房产。如图 6.4 所示，以湖北省为例，剔除了增长因素后该地区大学学位授予数与房价之间存在高度的相关关系，房价的变化率滞后于学位授予数的变化率 1~2 年，说明毕业生越多，未来房价增长的概率越大。

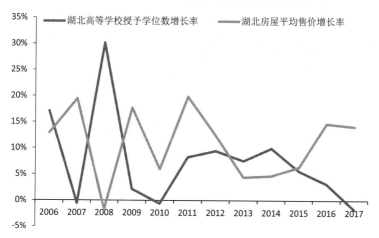

图 6.4　湖北高等学校学位授予数增长率与房屋平均售价增长率（2006—2017）

（数据来源：wind 资讯）

本章我们首先从介绍房地产开发成本出发，详细剖析了房产项目的开发流程，并研究了决定房价的相关因素，揭示了房产中介存在的必要性。其次，我们对买房和租房的投资回报做出对比，分析面对这两种模式，人们应该如何抉择才能达到最优。最后，我们讨论了美国房地产市场的投资陷阱和相关注意事项，并简单分析了宏观政策对房价的影响。

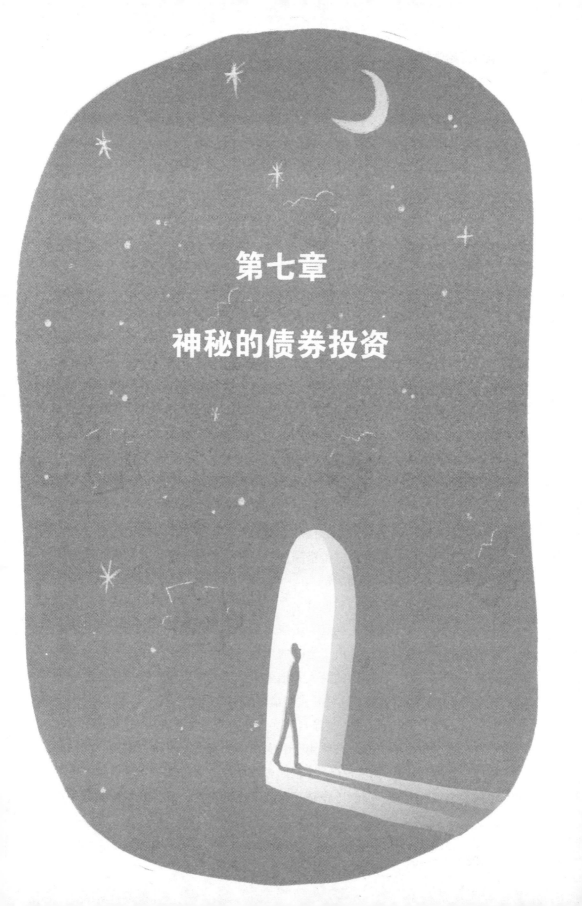

第七章

神秘的债券投资

1. 欠债，还钱

《淮南子·说林训》："决千金之货者，不争铢两之价。"

（1）"债台高筑"的由来

债的本义是欠别人的钱财。从字形上来看，债字由个人和"责"任构成，即欠了别人的财物，必须尽责偿还。在道德层面，民间常有欠债还钱，天经地义"的说法，如果欠钱不还，个人或企业信用会遭受损失。法律层面，借款人即欠钱的一方称为债务人，贷款人即出借钱财的一方称为债权人，二者之间的债务关系受到法律保护，如借款人违反合约拖欠债务，将会受到法律的制裁。

法律的保护使得债务关系具有强制性的特点，在此基础上，债券逐渐发展成为金融市场上最重要的投资工具。人类历史上最早的债券形式出现在奴隶制社会的公债券，古希腊和古罗马在公元前 4 世纪左右就开始出现国家向商人和寺院举债的情况。

我国古代也有一国国君向社会借债的事例。据《东周列国志》记载，东周最后一位天子周赧王姬延为了应对秦国的扩张准备主动出击，联合各路诸侯国发兵攻秦，但是由于当时的周朝已经今非昔比，国库亏空且兵马短缺，姬延不得不向国内的商人和地主借钱，并立下字据，承诺取胜回朝连本带利一同归还债务，这就是我国最早的公债形式。

后来周天子借到了钱，便亲自率兵出发，可是周边诸侯有的不愿出兵，有些只派了很少的人马。最终由于和秦国实力相差太悬殊，姬延只能班师回朝，仗没打成钱却花完了。姬延回到都城后，那些债权人拿着他立下的字据到皇宫外要债，周赧王没钱还债，又没处逃跑，只好在城内筑起一座高台躲到上面，这就是"债台高筑"这个成语的来历。

到了 16 世纪，随着美洲新大陆的发现，全球贸易进一步扩大，为了抢占海外市场，欧洲各国竞相发行公债，筹措资金。作为世界历史上第一家股份制公司，东印度公司最早以公司主体的形式发行了短期债券。之后世界各国的经济总量持续增长，债券发行规模逐步扩大，债券的种类、期限和发行的主体也不断创新，就形成了今天多样化、多品种的债券体系。

（2）债券的要素

债券是政府机关、金融机构和企业为筹集资金，按照法定程序发行并承诺在指定日期还本付息的有价证券。作为证明债务关系的凭证，债券包含了以下基本要素。

首先是债券的面值。像货币一样，每一张纸币上都有具体的数字表示面值，债券也是如此。债券的票面价值表示的是到期后发行人应偿还债券持有人的本金数额，也是发行人向持有人按期支付利息的计算依据。

债券的面值与发行价格是两个不同的概念，数值上两者也不一定相等。如果债券发行价比面值低，称为折价发行；发行价高于面值，称为溢价发行；二者等价称为平价发行。债券的发行价格受到市场利率的影响，市场利率越高，债券的发行价往往越低，因为利率上升会使作为债券的替代品的存款的收益增加，更多的人会倾向于把钱直接存入银行，这样就导致了债券的需求下降，发行价格也随之降低。

债券发行时还要标明发行期限，包括偿还期和付息期。偿还期指的是发行人在发行债券后，需要向债券持有人约定一个合理的偿还本金的时间，不能拖延到无限期（如一万年）偿还。付息期指债券发行人支付利息的时间，是到期一次性支付，还是按年、按半年或按季度计息。到期一次性支付的债券，利息通常是按照单利计算的。而分期付息的债券其利息通常按复利进行计算，所以付息方式对债券的收益率有很大影响。

其次是票面利率，即债券在发行后利息与票面价值的比率。债券的票面利率通常受到银行存贷利率、发行人资信状况、市场中流动资金的充裕程度等因素影响。

最后是发行人的名称，即债券的发行主体，为债券到期后持有人追回

利息提供了重要依据。

（3）债券的分类

市场中流通的债券种类繁多，可以根据发行主体、期限、财产担保、偿还方式、计息方式、是否可转换、是否可赎回、是否记名等方式进行分类。

按发行的主体分类

债券可以分为政府债、金融债券和企业（公司）债券。政府债券包括由一国中央政府发行的国债和由地方政府发行的地方债，是政府部门为维持正常运营筹措资金，弥补财政赤字的重要手段。其中国债通常以国家主权为担保，具有信誉好、风险小的特点，因此也被称为"金边债券"。

金融债券的发行主体是银行和非银行金融机构，期限一般在 3~5 年，用来解决金融机构流动性不足或期限错配等问题。其利率一般高于国债，由于是银行发行，资信等级也相对较高，且多为信用债券。

企业（公司）债券在国外市场没有区分，发行的主体都是企业法人，统称为公司债。在国内，二者稍有不同，企业债一般是由国有控股企业发行的债券，受到国家发展改革委员会直接监督管理，在很大程度上体现了政府的信用。而公司债的发债主体是按照《中国人民共和国公司法》设立的企业法人，在实践中多为上市公司，债券的管理机构为中国证券监督管理委员会，信用风险一般略高于企业债。

按发行的期限分类

债券一般分为短期债券、中期债券和长期债券。短期债券是为筹集短期资金而发行的债券，期限一般在一年以内，有些一年内到期的中长期债券也被视为短期债券的一种。短期债券的流动性较强，风险较低，在市场中很受投资者欢迎。央行也经常采用吞吐短期债券的操作达到调控货币流通和稳定金融市场的目标。

中期债券一般是指一年以上、十年以下，流动性、风险和收益适中，介于短期债券和长期债券之间，并结合了二者的优势。我国政府发行的国债和银行及非银机构发行的金融债券的期限大多为 3~5 年的中期债券。

长期债券的偿还期限一般在十年以上，发行目的主要是用于筹措大型市政工程设施等长期项目的建设资金。长期债券的流动性较差，因为持有十年后才到期，持有者将其转换为现金比较困难。同时由于受到通货膨胀造成的货币贬值影响，长期债券的面值在到期后购买力也会降低，所以为补偿投资人的损失，长期债券的收益往往比中短期债券高。

按是否有财产担保分类

另外一种重要的分类方式是按照是否有财产担保进行划分。以发行人的财产作为抵押担保发行的债券称为抵押债券，一旦发行人违约，在到期日不能偿还借款，那么被抵押的财产就会被变卖，资金用于补偿债券持有人的损失。其中抵押品可以是房屋、土地等不动产，也可以是商品、货物等动产或是股票以及其他形式有价证券等无形资产。

不以财产作为抵押的债券被称为信用债券。发行这种债券的主体通常是政府、国有银行及非银机构，或是信用极好的上市企业。例如，中央政府发行的国债都是以主权为担保，只有在该国政府垮台时才会造成违约，否则在债券到期后，政府一定会偿还本金并支付利息，即使国库亏空，政府也会采用发行新债的方式偿还上一期债务。企业在发行信用债前都需要专业的评级机构对公司情况做出评估，并给出债券的评级，如 AAA+、AAA 等，评级越高，说明企业信用越良好，债券在发行时的定价也会越高。

按付息方式分类

按付息方式分类，债券分为零息债券、定息债券和浮息债券。零息债券，在发行的时候票面上不规定利息。但是没有利息的债券为什么会有人购买呢？这是因为零息债券的发行价格通常低于票面价值，如面值100元的债券，发行价格可能为98元，在债券到期后，发行人会按照面值100元偿还本金。所以零息债券又叫贴现债券或贴水债券，往往是期限较短的短期债券。

定息债券在发行时将利息印在票面上，发行人按照票面利率支付利息，并且票面利率不随市场利率发生变化。所以无论市场利率怎么变化，债券持有人都可以获得稳定的收益，持有固定利率债券能够抵御通货紧缩的风险。但是这也意味着如果发生通货膨胀，造成了货币贬值，债券持有人的利益将遭受损失。

与定息债券不同，浮息债券的票面利率会随着市场利率的波动而变化，通常等于市场利率加上一个固定的利差，因此浮动利率债券可以很好地抵御通货膨胀风险。期限较长的中长期债券一般都是浮动利率债券。

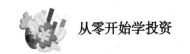

按计息方式分类

债券的计息方式包括三种，即单利、复利和累进利率。单利计息指的是利息不再计入本金的计息方式。而复利计息则是把每一期产生的利息计入下一期的本金。举个例子，如果面值 100 元的三年期债券，年利率为 3%，采用单利计息的方式，每年年末债券持有人都可以获得 3 元的利息，直至债券到期。采用复利计息，则第一年的利息为 3 元，并把这个利息计入下一期本金，在计算第二年利息时，本金为 103 元，利息为 3.09 元。我们会在下一节给出利息计算的公式。

累进利率是一种浮动利率，指的是债券利率每期以固定幅度上涨，这种计息方式每一期的利率都比前一期高。前面的例子中，如果债券的累进利率为 1%，则第一年利率为 3%，第二年为 4%，第三年为 5%。

按是否可转换分类

在 A 股上市的公司经常会发行可转换债券进行融资，有炒股经历的读者对可转债一定不会陌生。可转换债券指的是可以按特定比例转化为普通股的债券。债券持有人如果看好发债企业的股票增长前景，可以在一定期限（通常称为宽限期）后按照预定价格将债券转换为股票，发债公司不得拒绝。如果持有人不行使转换权利，可以继续持有债券，直到偿还期满时收取本金和利息，或在债券流通市场出售变现，在一定条件下持有人还可以选择将债券回售给发行人。

企业通过发行可转债也可以降低筹资成本，同时也具有在特定条件下强制赎回可转债的权利。由于可转换债券具有债务与权益的双重属性，此类债券的票面利率通常低于不可转换债券。

按是否记名分类

有些债券在发行时票面上可以记载债券持有人的姓名或公司名称，这种债券称为记名债券。记名债券可以很好地保障持有人的合法权益，在债券被盗或丢失时持有人也可以向人民法院请求补救。与之相对，持有人的名字不出现在票面上的债券是不记名债券。不记名保护了个人或企业隐私，但安全性较差，一旦丢失持有人很难找回。

债券的种类琳琅满目，除了上述介绍的类别以外，还有多种方式对债券的种类进行划分，另外金融市场还存在各式各样的基于债券的衍生品。

但是万变不离其宗，不论债券的形式如何发展，它作为证明债务关系凭证的本质都不会改变。

正是这种凭证带来的法律效力，才可以保障投资者的利益，使需要用钱的政府、企业甚至个人可以在市场上借到资金，所以中国有句俚语叫"欠债还钱，天经地义"，不仅是从道德上要求人们讲诚信，从经济学的角度来看，规范的债券市场也可以使市场更健康，让经济变得更加繁荣。

2. 债券是怎么赚钱的

威廉姆·斯坦利（英国经济学家）：“经济学如果是一种科学，它必须是一种数学的科学。”

人们在投资一种金融资产时最关心的就是投资收益率是多少，债券投资也是如此。乍看起来，计算债券收益率是很简单的事情，票面利率、面值、投资期限都很明确，只要求出利息就能算出收益率。

但是，债券收益率的计算十分复杂，远没有想象的那么简单，其中牵涉到的各种利率、收益率的概念会令初次接触债券的读者十分困惑。像内部收益率、持有期收益率、到期收益率等概念，初学者很难辨别出它们之间的区别与联系。分析收益率时还牵涉到单利、复利、连续复利、即期利率、远期利率、久期、利率期限结构等复杂的利率计算。

初次接触到这些绕口概念和复杂数学公式的读者，不需要太担心，可以先从直观上理解每个公式代表的经济学含义，再尝试掌握它们的计算方法。这些概念和等式也不需要全部记住，只要在阅读文献时知道它们的含义，并且在需要测算相关指标的时候可以随时找到对应的资料就可以了。接下来，我们就为大家介绍各种债券收益率的计算方法。

（1）如何计算利息

要计算债券收益率，需要学会如何计算利息。持有债券获得的利息收益与银行存款的利息收益一样。我们去银行存钱，假设初始本金为 Y ，一共存 t 年，每年计息一次，存款利率是 r 。上节提到，根据本期利息是否计入下一期本金，计息方式可以分为单利和复利，如果按照单利计算，每一年的利息都为 Yr ，那么存款 t 年的总利息就是 $t \times Yr$ ， t 年后，存款本金和利息的总额为：

$$Y(1+tr)$$

这种计算方式对存款的人有失公平，如果存款金额很大，利息存续产生的利息也是一笔不小的数额。过去我国的银行都是单利计息，随着银行业制度的完善和行业竞争的加剧，绝大多数商业银行都已经采用复利计息了。

复利就是利滚利，前一年的利息要计入后一年的本金。如果按照存款复利计息，第一年的利息为 Yr，计入第二年本金后，第二年的利息为 $Y(1+r)r$，第二年本金和利息的总和为 $Y(1+r)^2$，推算下去，第 t 年的本息和为：$Y(\quad r)$，如表 7.1 所示。

表 7.1 复利计息下的本金利息计算

年份	本金	利息	本息和
1	Y	Yr	$Y(1+r)$
2	$Y(1+r)$	$Y(1+r)\times r$	$Y(1+r)^2$
3	$Y(1+r)^2$	$Y(1+r)^2\times r$	$Y(1+r)^3$
...			
n	$Y(1+r)^{t-1}$	$Y(1+r)^{t-1}\times r$	$Y(1+r)^t$

上面的例子中，计算利息的时间都是在年底，每年只在年底计息一次。那么如果每半年计息一次，单利的计算结果没有变化，因为虽然计息次数变为原来的 2 倍，但是半年计息也使得利率变为 $\frac{r}{2}$，本金不会发生变化，所以结果维持不变。

然而复利计息的情况就相对复杂一些。复利计息时第一个计息期末（半年年底）的利息为 $\frac{Yr}{2}$，并入下半年本金后第一年年末的利息为 $\left(Y+\frac{Yr}{2}\right)\frac{r}{2}$，本息和为 $Y+\left(Y+\frac{Yr}{2}\right)\frac{r}{2}$，整理后为 $Y\left(1+\frac{r}{2}\right)^2$。按季度计息和按月计息的算

法一样，如果每年计息 s 次，存款 t 年，可以得到的本金和利息总额为：

$$Y\left(1+\frac{r}{s}\right)^{st}$$

因此，按复利计息的情况下，计息次数越多，存款人的收益就越大。现在假设银行间的竞争非常剧烈，每家银行都把计息时间不断缩短，即 s 不断增大，那么当 s 趋向于无穷大会发生什么呢？利用自然数常数 e 的定义式：

$$e=\lim_{x\to\infty}\left(1+\frac{1}{x}\right)^{x}$$

我们可以得到在无穷次计息的情况下，存款 t 年的本息和为：

$$\lim_{s\to\infty}Y\left(1+\frac{r}{s}\right)^{st}=\lim_{s\to\infty}Y\left(1+\frac{r}{s}\right)^{\frac{s}{r}\Delta tr}=Ye^{tr}$$

这种计息方式称为连续复利。等式中自然常数 e 的含义可以理解为在计息间隔无限小，计息次数无穷大，即在每一秒都计算一次利息的情况下，采用复利计息方式，年利率为 r 时一元钱存一年最多可以赚到 e^r 元，其中自然常数 e 约为 2.718 元。

（2）投资决策的依据

我们在第二章中讲到，今天的 1 元不等于明天的 1 元，要测算 1 元在不同时间点的价值，我们就要了解现值和贴现的概念。我们称今天的 1 元具有的价值为**现值**（Present Value，PV），未来 1 元的价值为**未来值**（Future Value，FV），那么在年利率为 r，每年复利计息一次的情况下，现值与未来值的关系为：

$$FV=PV\left(1+r\right)^{n}$$

按照连续复利的计算，上述公式变为：

$$FV=PV\Delta e^{n}$$

所以，不同时点的资金价值可以通过利率联系起来。当已知 PV 时，可以通过利率很容易地计算出 FV。如果已知 FV 也可以将上述公式变化来计算 PV，这个过程就叫**贴现**，前文提到的**贴现率**就是指将资金的未来值折算为现值的利率。

掌握了贴现的概念，我们就可以进一步分析投资的收益。一些人在计算投资盈收情况时直接把每年的收益相加，如在 2010 年花费 100 万元投资了一个项目，每年产生的收益是 30 万元，那么到 2015 年总共可以获得 150 万元的收入，投资收益就为 50%。这种计算方式显然是不合理的。

正确的方法是把每一年的收益都按照一定比例折算为第一年的现值，再把所有收益现值求和，才是真正的投资收益。这种投资决策的方法叫净现值（Net Present Value，NPV）法。假设每年的年利率不变，都为 10%。用 NPV 表示项目净现值，计算公式为：

$$NPV = -100 + \frac{30}{1+10\%} + \frac{30}{(1+10\%)^2} + \ldots + \frac{30}{(1+10\%)^5} = 13.72 （万元）$$

所以采用净现值法测算，该项目净现值为 13.72 万元，净现值为正，说明该项目可以投资。

为了从直观上更好地理解净现值，我们用一条时间线来表示项目投资的周期，每年收益的现金流贴现值如表 7.2 所示。现在如果年利率上升为 20%，那么净现值则变为 -10.3 万元，该项目就不值得投资了。

表 7.2 净现值法计算项目现金流

年份	2010	2011	2012	2013	2014	2015
FV	-100	30	30	30	30	30
PV	-100	27.27	24.79	22.54	20.49	18.63

可以看出年利率是影响净现值的重要因素，这是因为年利率越高，投资面临的机会成本就越大，即不选择投资，把钱存在银行所得到的回报就越多。在上述项目中，当利率超过一定界限时，项目的净现值就会为负，我们称让项目净现值为 0 的利率为该项目的**内部收益率**（Internal Rate of Return，IRR），这是判断一个项目是否值得投资的另一个重要指标。我们用 IRR 表示内部收益率，计算公式如下：

$$0 = -100 + \frac{30}{1+IRR} + \frac{30}{(1+IRR)^2} + \ldots + \frac{30}{(1+IRR)^5}$$

通过求解上面的等式可以算出 *IRR*，但是手动计算非常复杂，几乎不可能人工完成，我们可以借助专业的计算器或用计算机程序求解。经计算，上述项目的 *IRR* 为 15.24%。因此当利率高于 15.24% 时，该项目就不值得投资。在进行投资决策时，采用净现值和内部收益率的方法是等价的。

内部收益率只描述了项目未来的现金流状况，与市场利率的概念不同。给定了项目的现金流，就可以确定该项目的内部收益率，无论市场利率如何变化，都不会对它产生影响。我们只是在判断项目是否值得投资时对这两个指标进行对比，内部收益率高于市场利率，项目可以投资，内部收益率低于市场利率，项目就不值得投资。

采用内部收益率的方法测算项目收益时需要特别注意**再投资风险**的问题。因为内部收益率是一种复利计息方式，将第一年获得的收益全部计入第二年的本金进行再投资。在进行储蓄和项目投资时这种设定无可厚非，同一个项目的收益率一般保持不变，把当年挣来的钱再投入项目中也可以获得相同的收益。

但是如果进行债券投资，不同债券的收益率往往存在差异。例如一个投资者购买了三年期国债，他用每年赚取的利息再购买一年前国债或企业债，收益率会发生变化，内部收益率的测算就不再准确，因此再投资风险不能被忽略。

（3）各种债券收益率

掌握了内部收益率的计算，我们就可以来分析债券价值和债券的投资收益。债券也可以被看作一种项目，投资者投入资金购买债券，在一定期限内可以获得利息的回报和本金的支付。所以，每个债券都有自己的内部收益率，我们称之为**到期收益率**（Yield to Maturity，YTM），又称最终收益率，指的是忽略再投资风险，投资者持有债券直到偿还期后获得的收益率。我们常说的债券收益率，通常指的都是到期收益率。

要计算债券的到期收益率，我们还要知道债券的利息。支付利息的债券叫**附息债券**（Coupon Bond），如果债券不支付利息，则称为**零息债券**（Zero Coupon Bond）。假设一只三年期国债的面值为 100 元（即债券到期后会向持有者偿还 100 元），每年向持有人支付 10 元的利息，则该债券的**息票率**

（Coupon Rate）即利息与面值的比率为10%，也叫**名义收益率**。息票率越高，则债券未来的现金流就越大，给投资者带来的预期收益也越大。

如果上述国债的发行价格为95元，与计算内部收益率的方法一样，到期收益率可以采用下面的等式计算：

$$0 = -95 + \frac{10}{1+YTM} + \frac{10}{\left(1+YTM\right)^2} + \frac{110}{\left(1+YTM\right)^3}$$

从等式中可以看出，该国债可以带来如下现金流。持有人在第一年年初花费95元购买债券，到第一年和第二年年末时分别获得10元利息收入。在第三年年末债券到期，持有人可以得到100元本金的偿还和10元利息。这种情况下我们解出，债券的到期收益率为12.08%。

我们令债券的发行价格也就是债券的现值为PV，债券的面值即终值为FV，根据息票率每期支付的利息为C，到期收益率为YTM，偿还期与付息期都为n，我们把发行价移到等式左边，则债券到期收益率的计算公式为：

$$PV = \frac{C}{1+YTM} + \frac{C}{\left(1+YTM\right)^2} + \ldots + \frac{C}{\left(1+YTM\right)^n} + \frac{FV}{\left(1+YTM\right)^n}$$

这里有两点需要注意。第一，债券的再投资风险，真实的投资中前两年获得的利息收入在进行其他形式的投资时，收益率可能与我们计算出的到期收益率不同，所以当债券到期时的现金流终值，不一定等于用到期收益率计算出来的现金流终值。第二，我们之前提到项目的内部收益率与市场利率无关，但是在债券投资中，和内部收益率等价的到期收益率却与市场利率相关。这是因为与项目投资不同，市场利率会影响债券的发行价格，进而影响到期收益率。

我们重温一下到期收益率的概念，它指的是让债券持有人净现值等于0的收益率，相当于投资人对收益的要求，到期收益率越高，说明市场中对该债券的投资收益要求越大。如果到期收益率比市场利率还高，那么该债券就不值得投资，更多的人会把钱存到风险更小的银行吃利息。所以到期收益率越高，债券的价格反而越低。

而息票率正好相反，它指的是持有人每期可以收到的利息，息票率越高，利息收入也越高，投资者对债券的需求也越大，发行价格也越高，因此息票率等同于市场利率。所以，当债券的到期收益率等于息票率时，债券的发行价与面值相等,即平价发行;当到期收益率大于息票率时,债券发行价小与面值,为折价发行;当到期收益率小于息票率时,发行价大于面值,称为溢价发行,如表 7.3 所示。

表 7.3 到期收益率与息票率关系影响发行价格

发行价	面值	到期收益率	息票率
99	100	10.4%	10%
100	100	10%	10%
101	100	9.6%	10%

另外一个债券收益率的概念是持有期收益率。有些人在购买债券后并不一定会持有到最后,而是选择一个合适的时机,在二级市场中卖掉债券收回资金。在持有债券期间获得的收益,就是债券的持有期收益率。计算方法如下:

$$债券持有期收益率 = \frac{\left[利息收入 + \dfrac{卖出价格 - 买入价格}{持有年数}\right]}{买入价格} \times 100\%$$

假设投资者以 95 元购买了面值 100 元的三年期国债,息票率 5%,并在持有两年后以 98 元卖出,则该债券的持有期收益率为:

$$债券持有期收益率 = \frac{\left[100 \times 5\% \times 2 + \dfrac{98 - 95}{2}\right]}{95} \times 100\% = 12.1\%$$

3. 如何给债券定价

弗雷德里克·巴斯夏（法国经济学家）："只要每个人照顾好自己的事情，上帝就会照顾大家的事情。"

（1）即期利率与债券定价

上一节我们讲了债券投资的各种收益率，本节我们介绍如何给债券定价，并且怎样通过债券的定价方法进行收益率对赌。

在投资活动中，人们之所以购买资产，是因为它可以在未来给投资者带来可预期的现金流收入，所以对于任意一种资产，合理买入价格应该等于投资这种资产后未来可以产生的现金流贴现到今天的价值。债券投资也是如此，购买债券后持有人每期获得的现金流的贴现就等于债券的发行价格。

细心的读者会发现，在上一节到期收益率的计算公式中，等式左边就是债券发行价格，那我们是否可以用到期收益率直接给债券定价呢？答案是否定的。这是因为到期收益率是债券在偿还期到期后这一未来时点的收益率，而债券的现金流是在不同时点产生的，如一个三年期按年计息的附息国债，产生现金流的时点分别是买入后的第一年、第二年和第三年年末。用到期收益率计算债券现值，就会使价格发生偏差，这在交易量很大的债券市场是致命的。

那么应该采用哪种收益率给债券定价呢？这里我们引入一个概念，叫即**期利率**（Spot Rate，SR），又称为**零息利率**，它指的是当前投入资金后，直到债券到期前的最后一天获得现金支付时（期间没有任何支付）投资者获得的收益率。我们前面提到的零息债券的收益率就是即期利率。

零息债券的发行期限一般为一年，由于不计利息，所以都为折价发行，发行价格比面值低的部分包含了债券的收益。假设一只面值100元的一年

期零息债券发行价格为 96 元，根据公式 $96 = 100 / \left(1 + YTM\right)$ 计算得到，该债券的到期收益率为 4.17%。由于零息债券在到期前不产生任何现金流，所以它的到期收益率就是即期利率，因此通过上述计算，我们就能得到债券市场中零息债券的即期收益率为 4.17%，即 1 年期即期利率。

市场中期限一年以上的国债都为附息债券，因此我们没有办法直接计算两年期附息国债的即期利率，但是我们可以借助零息债券的即期利率来测算。假设面值同为 100 元的两年期附息国债，息票率 3%，第一年年末支付 3 元利息，第二年年末支付 3 元利息和 100 元面额，当国债的发行价格为 98 元时，它包含的价值应该由两年的现金流贴现值构成，第一年的 3 元利息用零息债券的即期利率 4.17% 贴现，第二年的 103 元本息用 2 年期即期利率贴现。由此我们可以采用以下公式测算出市场中 2 年期国债的即期利率（SR_2）等于 4.61%。

$$97 = \frac{3}{1 + 4.17\%} + \frac{103}{\left(1 + SR_2\right)^2}$$

上述 2 年期附息国债的到期收益率为 4.60%，与即期利率存在 0.01% 的细微差别。这种差别的绝对数值虽然很小，但是放在交易规模在万亿级别的债券市场中就不能被忽视了。

债券定价的基本思路就是用不同期限债券的即期利率作为贴现率，计算待定价债券每期的现金流折现值。假设现在央行要新发行一只为期两年、息票率 6%、面值 100 元的债券，发行价应该定多少呢？我们先用 1 年期的即期利率贴现第一年的折现值，再用 2 年期即期利率贴现第二年的折现值，如果发行期限更长则依次类推。所以央行新发行债券的定价 P 应满足以下等式。

$$P = \frac{6}{1 + 4.17\%} + \frac{106}{\left(1 + 4.61\%\right)^2}$$

经计算该债券的发行价格 P 应定在 102.62 元。采用这种方式，我们还可以测算市场中 3 年期、4 年期、5 年期甚至更多期限的即期利率。我们把不同期限的即期利率画在一张图中，就得到了**即期利率曲线**，可以用来计算不同期限的债券带来现金流的现值。我们还可以将不同期限国债的到期收益率也画在一张图内，就形成了到期收益率曲线，简称**债券收益率曲线**（Yield Curve），它是金融市场中常用的指标之一。

债券收益率曲线的形状可以反应出长短利率之间的关系，是市场对当前经济形势的判断和未来经济预期走势的结果。曲线一般呈现四种形态，第一种为正向收益率曲线，说明在某一时点投资期限越长，收益率越高，意味着经济处于增长阶段；第二种为反向收益率曲线，即投资期限越长，收益率越低，这种情况叫收益率曲线倒挂，说明市场对经济未来增长的预期不足，面临股市见顶，资金流出的风险，经济将进入衰退期；另外两种情况是收益率曲线呈水平状态或波动状态，分别预示着市场未来的短期利率将保持稳定，或在未来出现波动，经济面临着不稳定的因素。图 7.1 中所展示的是美国近三十年不同期限国债收益率曲线。

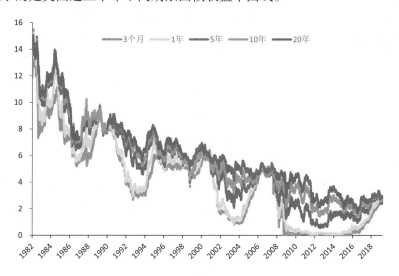

图 7.1　美国不同期限国债收益率曲线（1982—2018）

（数据来源：wind 资讯）

（2）远期利率与收益率对赌

通过上一小节的计算我们得到了市场中一年期国债的即期利率是 4.17%，两年期国债的即期利率是 4.61%。二者之所以会存在很大差别，是因为市场对于当前的 1 年期即期利率和一年后的 1 年期即期利率的预期不一样。其中一年后的 1 年期即期利率我们称之为**远期利率**（Forward Interest

Rate）。远期利率预示着市场对未来利率走势的期望，也是中央银行制定和执行货币政策的重要参考工具。

我们现在考虑两种投资策略，第一种是将 100 元用当前 2 年期即期利率连存两年，即购买 2 年期零息债券，则两年后可以获得：

$$100 \times (1+4.61)^2 = 109.43 （元）$$

第二种是用 100 元以 1 年期即期利率连续两年购买 1 年期零息债券，则两年后可以获得的总金额应该与第一种策略相等，即以下等式成立：

$$109.43 \text{元} = 100 \times (1+4.17\%) \times (1+FR)$$

式中 FR 即为远期利率，可以解出 $FR=5.05\%$，意味着市场预期在一年后即期利率会从 4.17% 上升至 5.05%。

如果投资者不认可市场对未来的预期，认为一年后的即期利率不会上升到 5.05%，而是仍然会维持在 4.17%，那么他就可以通过以下方式获利。首先以 1 年期即期利率连续两年借入资金，其次再用此资金购买两年期债券。

假设未来两年的 1 年期即期利率都为 4.17%，投资者以 98 元的价格购买了面值 100 元、息票率为 5% 的两年期国债，第一年年末他可以收到利息 5 元。在第二年投资者把 5 元利息以 4.17% 的年利率进行投资，可以获利 5.21 元 $=5 \times (1+4.17\%)$，加上两年期债券可以在第二年年末支付本息和 105 元，投资者一共可以获利 110.21 元。

为了筹集购买债券的 98 元，投资者需要从市场中借入资金（可以通过卖空 1 年期零息债券实现）。由于未来两年的 1 年期即期利率都为 4.17%，借入的 98 元成本为 106.34 元 $=98 \times (1+4.17\%)^2$。扣除这些成本，投资者一共可以赚取 3.87 元（$= 110.21-106.34$）。但是如果当投资者判断错误，未来 1 年期即期利率上升到 10%，那么借钱的成本就会变为 112.30 元 $=98 \times (1+4.17\%) \times (1+10\%)$，投资者就将面临亏损。这就是债券的收益率对赌（Yield Curve Play）[1]。

---

[1] 见徐高博士：《金融经济学二十五讲》。

（3）久期

债券投资中另一个重要的概念是**久期**（Duration），是 1938 年一个叫麦考利的人为了衡量债券平均还款期限提出的，所以我们常说的久期一般又称为**麦考利久期**（Macaulay Duration），指的是债券持有者收回其全部本金和利息的平均时间。例如，一个三年到期的零息债券的久期就是三年，因为购买债券后，它是指在第三年年末才带来现金流回报。但是如果是三年附息债权，那么久期就要小于三年，因为在债券到期之前，持有人每年都可以获得利息收入。

债券的久期（D）等于各个时刻现金流支付的加权平均，其中权重是现金流的现值与债券价格之比。假设有一个 n 年期债券，在 t 时刻支付的现金流是 C_t，其中 $1 < t < n$，债券到期收益率为 y，则久期的计算公式为：

$$D = \sum_{t=1}^{T} \left[\frac{\dfrac{C_t}{(1+y)^t}}{P} \times t \right]$$

在实际的债券投资中，久期通常用来衡量债券价格变动对利率的敏感度。久期越短，债券价格波动越小，风险越低；久期越长，债券价格波动越大，风险就越高。

债券组合也可以计算久期，一个债券组合的久期是每只债券久期的加权平均值，权重为债券的当前价格，债券组合的久期决定了组合对利率波动的敏感程度。久期策略也是债券投资中常用的策略，如果投资者预期未来利率上升，债券价格将下跌，则投资者将减少债券组合的久期，以降低价格下降造成的损失；如果投资者预期未来利率将下降，会增加债券组合久期，如购买长期债券，以提高价格上涨带来的收益。所以，掌握久期的概念对于债券投资者十分重要。

4. 地方政府的曲线救国

让·沙尔·列奥纳尔·西斯蒙第（瑞士经济学家）："政府的目的不是积累抽象的财富，而是使一切公民都能参与财富所代表的生活享受。"

这一节我们来讲一讲国债、地方债和城投债之间的区别与联系，以及地方政府在财政困难的情况下是如何实现"曲线救国"的。

国债又称国家公债，是一国中央政府为筹措财政资金，以国家主权信用作为背书而发行的政府债券，是公认的最安全的投资工具。按照不同标准，国债也包括很多类别。

按照偿还期限是否固定分类，国债可以分为定期国债与非定期国债。定期国债的还本付息期限明确，包括短期（1年以内）、中期（1年以上10年以下）和长期（10年以上）三种国债。不定期国债则不规定偿还期限，也叫无期国债，这类国债的持有人可以按期获得利息，但没有要求清偿债务的权利，因此利息通常很高。

根据债券购买的强制性不同，国债可分为自由国债和强制国债。前者指公民、法人或其他组织机构自愿认购的国债，投资者可以根据自身情况决定是否购买；后者则具有强制性，是国家凭借其政治权力，强制人们购买的国债。强制性国债一般出现在战争时期或是经济出现严重困难的阶段，国家为了弥补财政危机采用的特殊手段。

按照债券形式不同，国债还可以分为无记名式国债、凭证式国债和记账式国债。无记名式国债在我国拥有很长时间的历史，是一种票面上不记载持有人姓名或单位名称的债券，通常以实体券的形式出现，人们常说的国库券就是无记名式国债。凭证式国债指的是国家采取填写国债收款凭证发行的债券，不可以流通转让，如果持有人要提前对债券进行兑付，则需要按比例缴纳一定手续费。记账式国债又称为无纸化国债，是财政部以电子形式发行的债券。这种国债以记账形式记录债权，并通过证券交易所的交易系统进行发行和交易。

地方政府债券与国债的性质一样，只是发行主体为地方政府，筹措的资金作为地方财政预算，由地方政府调度安排，一般用于当地交通、通信、住宅、教育、医疗、污水处理等民生基础设施的建设，并以当地政府的税收能力作为还本付息的担保。相对于"金边债券"国债，地方债通常被称为"银边债券"，虽然安全性稍差一点，但是收益却高出不少，还可以成为银行认可的抵押品。

随着我国债券市场的完善，部分省市的公众投资者已经可以参与地方政府债券投资。中小投资者可以通过银行柜台开展地方债交易。地方债柜台业务安全程度高，有政府作担保，信用评级一般在 AAA 级，风险相对较低。同时面向个人开发投资的门槛也不高，投资起点多为 100 元，并以 100 元的整数倍发售，具有一定收益性，地方债投资为个人投资者增加了资产配置的多元性。

改革开放后我国经济飞速发展，各地政府都面临着巨大的投资压力。在发行地方政府债券受到中央严格监管的情况下，地方政府纷纷"曲线救国"，开始成立地方政府融资平台，以城投公司为主体，地方政府作为隐性担保人，发行城投债为地方基础设施建设筹集资金，缓解财政压力。

由于城投债最初的发行不受中央约束，地方政府尝到了甜头后引来其他各地区效仿，城投债规模在短短几年内出现井喷，到 2014 年全国城投债发行规模已超过 15 000 亿元，政府部门杠杆率接近 60%。为了防止地方政府债务规模过大导致金融风险发生，中央于 2015 年颁布出台了《新预算法》，规定地方政府债务仅限政府债券形式，融资平台债务不再属于政府债务，这也成为新老城投债的分水岭。没有了政府担保这块金字招牌，新城投债还能否受到投资者的持续关注就需要打上一个大大的问号。

5. 债券中的变形金刚

约翰·雷姆赛·麦克库洛赫（英国经济学家）："便宜的货物，经常会顺利地通过每一个障碍。"

在繁多的债券种类中，有一种最为神奇，堪称债券界的变形金刚，这就是可转债。许多炒股的读者对可转债的概念并不陌生，我们经常在证券新闻中可以看到上市公司发行可转债的消息，在日常投资时，炒股软件中也会出现购买可转债的申购链接。我们在前文中介绍了可转债的概念，那么作为个人投资者，应该如何购买可转债，如何把握购买时机，有哪些注意事项呢？本节我们将为读者一一解答这些问题。

可转债是债券持有人可以按照发行时约定的价格，把债券转换成股票的一种债券。持有人拥有自由选择是否转换的权利，如果持有人不想转换，则可以继续持有债券，直至到期后领取本金和利息，或者在流通市场变现出售；如果持有人看好公司未来的发展，认为公司股价会持续增长，则他可以在宽限期后行使转换权，将债券兑换成股票。

作为发债公司，可转债的利率一般低于普通债券利率，所以发行可转债可以降低公司的融资成本。可转债持有人在一定条件下可以将债券回售给发行人，发行人在一定条件下也拥有强制赎回债券的权力。

可转债发行时，一般会规定转换比例和转股价格。前者是一定面额的债券可转换出普通股票的股数，后者是可转债转换成每股普通股所支付的价格，转换比例与转股价格的关系可以表示为：

转换比例 = 可转债面值 / 转股价格

例如，某上市公司发行了面额 10 000 元的可转换债券，转股价格为 5 元，则可转换的股份数为 2 000 股（10 000 除以 5），即转换比例为 2000 ：1。

　　投资者在行使转换权时，应计算好转换前后的收益，避免发生不必要的损失。上面的例子中，如果该公司股票的价格（正股价）为每股 6 元，那么 2 000 股的价值为 12000 元，投资人将债券转换为股票后可以立即在市场中抛售，即可净赚 2000 元，这种情形我们称为具有转换价值，这种可转债称为价内可转债。

　　反之，如果该公司的股票价格跌到每股 4 元，那么投资者一定不会行使转换权把可转债换成股票，因为转换成本为 5 元，但是从股票市场中可以用 4 元每股的价格直接购得股票，这种情形我们称为不具有转换价值，这种可转债称为价外可转债。

　　但是可转债的价格不是一成不变的，而是会随着正股价的波动上下调整。当股票的正股价高于转换价格时（如转股价格为 5 元，正股价涨到 6 元），意味着可以低价买到股票，因此可转债的价格也会上涨（100 元面值的可转债价格会高于 100 元）。而当正股价格下跌（转股价 5 元，正股价格跌到 4 元），可转债的价格也会下降。出现第二种情况时，看似投资人是亏损的，但是他可以选择不把债券转换成股票，而是继续持有收取利息，在债券到期后获得债券发行人偿还的本金。因此，可转债债权和股权的双重属性，可以让投资选择变得更加灵活，帮助投资人占据投资主动权。

　　上市公司发行可转债的目的，就是为了降低筹措资金的成本，把债主转换成股东，这样在融资时资金的压力会减轻很多。因此，遇到长期熊市的时候，股价不断下跌，可转债持有人不行使转换权，上市公司反而会非常着急，往往会通过主动分红或下调转股价的方式间接逼迫投资人把债券转换成股票，来降低未来还款压力。

　　可转债的最佳买入时机在经济由衰退期转为复苏期，即股市的熊市与牛市转换期，此时的可转债价格往往较低，如果股市复苏，投资者可以将债券转为股票，享受未来股价上涨带来的红利，如果股价没有上涨，而是不断震荡或者下跌，投资者也可以选择持有债券，获得稳定的利息收益。

　　本章的主要内容是债券市场投资。首先简述了债券基本概念，包括债券发展的历史，债券的要素和分类。其次引入了一些数学公式，介绍了债券投资中各种复杂收益率的计算以及如何给债券定价并用债券收益进行对赌。之后我们用简短的篇幅为大家介绍了国债、地方债和城投债的概念。最后我们为大家介绍了可转债投资的注意事项。

作为一种长期的投资工具,债券具有低风险、低回报、收益稳定的特点。债券投资看似简单,实则非常复杂,充斥着各种复杂计算,十分考验投资者的数学功底。

第八章

像买菜一样买股票

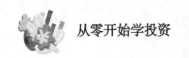

1. 股市与菜市场

> 朱尔（美国著名炒家）："股票市场是有经验的人获得更多金钱，有金钱的人获得更多经验的地方。"

　　股票是股份公司发行的一种所有权凭证。股份公司为了筹集资金，除了可以从市场中借债以外，还可以向它的各个股东（包括现有股东和潜在股东）发行股票这种有价证券。作为持股凭证，股东可以在公司分红时凭借持有的股票数额按比例领取分红（也叫股利、红利）。

　　股票可以在市场中交易，但是持股人不能要求股份公司退还本金，这是股票和债券的最主要区别，即债券持有者拥有对公司的债权，无论公司是否盈利，到达约定期限后公司都要偿付债务，而股票持有者只拥有公司利益的剩余索取权，只有在公司产生盈利进行分红时，股东才能领到股息收益。

　　就像买菜需要在菜市场一样，股东如果要把股票资产变为资金，也要在特定的交易场所把它卖给其他投资者。

　　我们经常听到的一级市场和二级市场就是交易股票的场所。一级市场也称为发行市场或初级市场，即新股票的买卖市场。这就好比蔬菜批发市场。在首都北京南部有一个京城最大的蔬菜批发基地，新发地。每天清晨，大批的货车会把全国各地新鲜蔬菜运到这里，卖给进货的商贩或餐饮公司，再进入京城老百姓的家里，并最终摆上各家各户的餐桌。新发地是第一站。

　　股份公司决定发行股票的过程就好比蔬菜基地要把蔬菜运到新发地。首次将要发行的股票面向公众出售的过程叫 IPO，即首次公开募股（Initial Public Offerings）。IPO 的前期准备工作非常复杂，需要股份公司向国家证券监督管理委员会提交上市申请和材料，为了保护投资者的利益，证监会要对上市公司的资质和业绩仔细审核。在通过了证监会的材料受理与分发、见面会、审核、反馈会、预先披露会、初审会、发审会、封卷、会后事项、核准发行等十个环节的流程后，股份公司才能完成上市并公开募集股票。

由于各个国家的金融体系不同，股票的发行方式也存在一些差别。按照新发行股票买家的不同，股票发行可以分为公开发行与非公开发行。公开发行也叫公募，指的是发行前不确定具体的买家，而是在社会上向所有投资者公开出售股票；非公开发行又称为私募，指向特定的发行对象出售股票。

股份公司在发行股票时可以自己发行，也可以选择让证券承销商（即我们常说的券商）协助发行。公司自己发行的方式称为直接发行，由公司自行承担股票发行的一切事务和风险，直接向投资者出售股票。如果委托券商承销股票的发行，一般称为间接发行，发行过程中的事务和风险均由券商承担。

间接发行的方式包括代销、助销和包销。代销发行是指在承销期结束后，券商将未售出的股票返还给发行公司，包销则是指券商先将要发行的股票全部买下再进行销售，如果承销期结束后股票没有全部卖出去，剩余部分也不退还给发行公司，因此券商就要自行承担股票在二级市场流通后价格下跌的风险。

所以由于承担风险的大小不同，券商采用包销的发行方式往往比代销收取的佣金更多。在我国证券市场中，新股发行之后基本都会迎来价格大幅上涨，券商往往可以赚取很高额的收益。因此，在金融行业中各个券商为了能够争抢到新上市股票的承销资格，会想方设法用尽各种手段，有些券商甚至不惜以违法违规为代价去追求丰厚的利益。

通过一级市场发行后，股票就可以在二级市场中进行交易了。二级市场是各种证券在不同投资者之间进行买卖流通的场所，又称为次级市场、证券流通市场或证券交易市场。二级市场好比我们社区里的超市或菜市场，需要买菜的大爷大妈都会选择去离家近的超市买菜，不会因为价格便宜几毛钱就跑去新发地买菜，这就是二级市场的重要性。

二级市场一般分为交易所市场（或场内市场）和场外市场。交易所市场有固定的交易市场和交易场所以及规范的交易规则。像美国的纽约证券交易所（New York Stock Exchange，NYSE）、英国的伦敦证券交易所（LSE）、我国的上海证券交易所和深圳证券交易所就是典型的场内市场。投资人在交易前要先在证券交易所开立账户，才能买卖股票。证券持有人要出售或购买证券时，可以通过电话或网络终端下达指令，交易所在收到指令后把交易信息输入到计算机中，通过事先编写好的交易程序完成撮合交易，具体的撮合方法我们在后文详细介绍。场内交易需要在规定的时间内进行，如我国股市开市的时间在每个工作日的上午 9：30 至 11：30，下午 13：00 至 15：00，其他时间以及周末和节假日都不进行交易。

与场内交易市场不同，场外市场则没有统一的交易制度和场所，交易时间也不受限制。这一市场通常由大量分散的证券投资机构组成，买卖双方在投资机构的柜台或通过电子通信设备买卖有价证券。场外交易涉及的交易标的主要以国债为主，股票只占了很小的一部分。

2. 神秘的 IPO 定价

约翰·梅纳德·凯恩斯（宏观经济学之父）："证券价格之崩溃，可以起因于投机信心之减低，也可以起因于信用状态之逆转。"

在新鲜蔬菜进入批发市场（如北京的新发地市场）时，批发商就会给每种蔬菜设定一个初始价格，菜贩以这个价格购买蔬菜，再运输到自己的摊位出售。如果批发商的初始价格定高了，那么今天的蔬菜就卖不出去；如果价格定低了，虽然会销售火爆，但是批发商就会赔钱。所以，如何设定蔬菜的初始价格非常值得思考。有价证券的发行也会遇到这个问题。一级市场中股票在首次上市发行时也需要由上市公司和券商共同确定一个上市价格，即 IPO 价格。这一节我们就来讨论一下这个价格是怎么决定的。

（1）IPO 定价的原则

股票的 IPO 价格又称新股发行价格，是股票的发行方（上市公司）和承销方（券商）在股票发行前共同为股票制定的一个价格。这个价格的制定非常关键，如果价格定低了，那么上市公司的价值会被严重低估，既损害了原始股东的利益，也给公司造成了严重损失；如果价格定的过高，公司价值被严重高估，就会造成股票滞销，导致 IPO 失败。

从经济学的角度来看，由于发行方无法完全掌握投资者的全部信息，IPO 定价属于不完全信息条件下的博弈行为。要使这种博弈的结果达到最优，就需要定价的一方充分向市场中释放关于发行公司的信息，投资人作为信息接受者，在看到关于股票的足够信息后可以根据自己的判断，做出对自己最有利的选择。这也是为什么证监会要求上市公司充分披露公司的各项信息的原因。

　　IPO 定价是金融界公认的难题，成功的定价是在保证股票可以成功发行的前提下，尽可能提高发行价格，最终的目标是股票以投资者可容忍的最高价格成功发行。这就要依靠发行方对市场势力的把握情况，所以股份公司在股票发行时选择一个经验丰富并且对市场情况掌握透彻的证券公司作为合作伙伴有着十分重要的意义。

　　IPO 定价一般包括了几个基本的原则。首先，股票价格要反映出公司的内在价值。前文中我们提到，任何一种资产的价值都等于持有这种资产可以带来的未来收益的贴现。股票也是如此，投资者花钱购买了一个公司的股票并持有很长时间，这家公司在未来带给股票持有者的分红（贴现值）要超过或至少等于投资者付出的成本。

　　其次，IPO 定价应遵循市场化原则，价格要充分反映出市场的供求关系。一方面，新股发行是为了满足股份公司的筹资需要，如果价格定得太低，在发行量不变的情况下，资金筹集的太少，就非常不利于公司未来的发展。另一方面，也要考虑投资者和承销方的利益，新股发行价太高会增加投资成本，对投资者信心造成打击，同时，也会给承销方（特别是以包销方式销售的承销方）带来更大的责任和风险。因此 IPO 定价如果不严格遵循市场规律，价格过低或过高造成的压力就会由一级市场传递到二级市场，并影响发行公司未来增资扩股的能力。

　　最后，定价时一定要考虑到公司的自身情况，包括财务状况、盈利能力、未来发展前景，同时还要结合公司所在行业的特点和国家的宏观政策。综合企业自身情况和市场特点，才能形成一个合理的定价。

　　一般认为，影响 IPO 价格的最直接因素是可以反映公司的经营业绩和发展潜力的指标，如公司的税后利润水平就直接反映出一个公司的经营能力以及上市时的价值，会直接影响到上市价格。而利润的增长率则可以显示公司未来的发展潜力，连续盈利且利润增长率逐年提高的公司未来的潜力也更大，IPO 价格也会越高。

　　另外，公司所处行业和上市时国家经济的周期性因素也会影响到上市定价。属于人工智能、医疗教育、新能源等未来朝阳行业的公司，随着社会发展，未来的前景也更加广阔，股票的定价也会更高；但是像钢铁冶金、低端制造等夕阳产业，在国家经济转型的情况下未来的发展也不被看好，业内公司的股票发行价就不会定的很高。

二级市场的价格对一级市场的价格也会造成很大影响。在经济处于衰退期和萧条期时，二级市场低迷，处于熊市的股票价格下跌，因此在制定一级市场的 IPO 价格时要考虑到次级市场的波动情况，价格就不能定的过高。当经济处于复苏期和过热期时，作为经济晴雨表的股市也会迎来牛市，二级市场复苏，股票价格普遍上涨，带动一级市场中新股的发行价也会跟着上升。

（2）IPO 定价方法

掌握并遵循了 IPO 定价的基本原则，还需要研究人员采用正确的定价方法估算股票价值，才能给出合理的定价。IIPO 定价一般采用收益折现法，先根据上市公司基本数据预测出公司未来的发展状况和经营情况，确定出公司未来的现金流，再选一个恰当的折现率把未来的现金流折算到现在，计算出一个价值。最常用的收益折现方法是股利折现模型（Dividend Discount Model, DDM）。DDM 模型的定价公式为：

$$V = \sum_{t=1}^{\infty} \frac{D_t}{(1+k)^t}$$

其中 V 为每股股票的价值，即 IPO 定价，t 表示上市的年限，如果公司在 2000 年上市，t=1 就代表上市后的第一年，即 2001 年，t=2 表示 2002 年，依次类推。 D_t 是在第 t 年，每股股票派发股利的期望值，k 是股票的期望收益率或贴现率，所以 DDM 公式的意义就是从上市的第一年开始，一直到未来无限远的期限内，每股股票每一年的分红贴现到当前的价值总和。

那么无限远期的股利如何计算呢？我们都知道，不仅人的寿命是有限的，而且一家公司的寿命也是有限的，即便是百年老店，也有最终消亡的一天。因此为了计算简便，我们假设每年的股利增长率按照一个固定的比例增长，如这个比例是 g，那么我们就可以得到：

$$D_t = (1+g) D_{t-1} = (1+g)^2 D_{t-2} = \ldots = (1+g)^t D_0$$

其中 D_0 是股票上市当年的股利增长率（上例中 2000 年的股利增长率）。这样我们就可以利用等比数列求和公式，对股票的价值 V 进行计算，结果为：

$$V = D_0 \left[\frac{(1+g)}{(1+k)} + \frac{(1+g)^2}{(1+k)^2} + \frac{(1+g)^3}{(1+k)^3} \cdots \right] = D_0 \frac{\frac{1+g}{1+k}}{1 - \frac{1+g}{1+k}} = D_0 \frac{1+g}{k-g} = \frac{D_1}{k-g}$$

综上所述，采用DDM估值方法，我们就得到了股票价格等于上市后第一年的分红除以贴现率与红利增长率的差值。从等式中我们还可以发现，分红越多、分红增长率越高的股票，估值也越高。而市场贴现率越高，则说明未来的钱在今天越不值钱，股票的估值就会下降。

DDM模型十分简单，在金融界中得到了广泛的应用。但是，细心的读者会发现，模型结果中的变量 D_1 和 g 的数据很好获取，但变量 k 即股票贴现率的指标应该如何确定呢？

DDM模型是由威廉姆斯和戈登在1938年提出的，在这之后的20多年里，如何确定市场贴现率这个问题一直困扰着金融行业的从业者和研究人员，直到1964年美国经济学家威廉夏普（William Sharp）等人提出了基于消费的资产定价模型（Capital Asset Pricing Model，简称CAPM）后，才从理论上给出了这个问题的答案。威廉夏普指出，每只股票的风险可以通过股票的 β 系数来衡量。股票i的 β 系数等于该股票的回报率（r_i）与市场组合回报率（r_m）的方差除以与市场组合的方差（σ_m^2）。

$$\beta_i = \frac{cov(r_i, r_m)}{\sigma_m^2}$$

所以，β 系数反映了个股对市场（大盘）波动的敏感性。β 系数越大的股票，相对风险收益率也越大。β 大于1则股票价格波动性较大，也说明单项资产的风险收益率高于市场组合的平均风险收益率，在牛市的时候应该选择这种股票；β 等于1二者相等；β 小于1则表明单项资产的风险收益率低于市场平均收益率，且股票价格的波动性较小，在熊市来临或大盘阶段性下跌时应该选择低 β 系数的股票。

计算出股票的 β 值后，就可以根据以下公式计算股票的贴现率 k 了。

$$k = R_f + \beta (R_m - R_f)$$

式中，R_f 为无风险资产的收益率，一般可用十年期国债收益率代替，R_m 是市场平均收益率。

3. 股市中的讨价还价

尤金·法玛（美国著名金融学家）："我自认为是头脑简单的一个经验主义者，所以我喜欢我在代理理论方面的工作。"

在上市公司和承销券商制定出 IPO 价格后，投资者就可以在一级市场进行认购股票了。一级市场主要面向的投资者包括企业、券商和申购股票的其他机构或个人。股票成功发行上市就进入了二级市场，作为广大散户的投资舞台，二级市场的活跃对股市繁荣有着十分重要的意义。如果二级市场萎靡，股票上市后没有人关注，成交量很低，导致价格波动很少，那么股票投资的风险就会变得非常大，少量的成交就会给股价带来巨大变化，投资者的利益也无法得到保障，造成投资者退场，形成恶性循环。所以，一个健康活跃的二级市场对股票投资者来说非常重要。

打开电脑中任意一款股票投资软件，我们可以看到仅上证和深证的平均每分钟的成交量都在 100 万手（1 手等于 100 比）左右，涉及金额上千万元，市场活跃时一天的成交额就超过 5000 亿元，频繁的交易和活跃的市场是股市最重要的强心剂。相比之下，近十年非常火爆的比特币等电子货币，由于技术原因的限制，2018 年每秒钟全球交易量只有 2.9 笔，一分钟最多处理不超过 200 笔交易，虽然随着技术的进步这一数据会逐步增加，但是距离股市每秒钟动辄数十万笔的交易还相距甚远。所以对于像比特币这类电子货币资产，即使参与交易的投资者再多，市场也不会非常活跃。因此，我们经常在新闻中看到的各类电子货币价格暴涨暴跌的主要原因就在于此。

在活跃的二级市场中，每只股票的价格波动不会非常剧烈，买家的出价和卖家的报价让股票价格在一个很小的范围内上下波动，波动的方向取决于双方的市场势力强弱。如果买方市场势力较强，买进股票的人多，股

票供不应求，价格就会上涨，而卖方市场势力较强，则股价会下跌。

那么股票的成交价是怎样在买卖双方的博弈中产生的呢？按照成交方式不同，股票的成交价格可以分为**集合竞价**与**连续竞价**。

（1）集合竞价

在每个股市交易日正式开盘前，股票要先确定一个当天的开盘价格，即开盘价。有了这个价格后，买卖双方才能以此为起点开始一天的交易。集合竞价就是确定开盘价的过程。

集合竞价是指在一个规定的时间内，所有的买方和卖方一次性报出自己的价格，系统收到报价后在有效价格范围内（例如 A 股规定的 10% 涨跌停限制）选取能使所有委托产生最大成交量的价位，并按照价格优先、同等价格时间优先的顺序完成竞价过程。

许多证券交易所一般都采用集合竞价的形式来确定股票发行价格，某些交易所（如深交所）也采用这种方式确定收盘价。

举一个 A 股市场的简单例子，假如在集合竞价期间，买卖双方给出了重庆钢铁这只股票的报价和要交易的数量，系统收到信息后把买入价从高到低、卖出价从低到高进行排序，就有了表 8.1 这张表格：

表 8.1　重庆钢铁股票集合竞价过程（一）

买方序号	委托买入价（元）	数量（手）	卖方序号	委托卖出价（元）	数量（手）
1	2.75	2	1	2.33	1
2	2.66	10	2	2.49	4
3	2.58	1	3	2.52	7
4	2.52	8	4	2.56	2
5	2.48	5	5	2.63	5
			6	2.72	8

第一笔交易：序号为 1 号的买家要花 2.75 元买入 2 手重庆钢铁，而序号为 1 号的万科股票持有者希望以 2.33 元的价格卖出 1 手重庆钢铁股票，按照不高于申买价和不低于申卖价的原则，第一笔交易应该在买方 1 号和

卖方 1 号之间报价完成，成交价格先待定，但要同时符合买卖双方的意愿，即在 2.75 元与 2.33 元之间。这笔交易的成交量为 1 手，成交后，其他委托如表 8.2 所示：

表 8.2　重庆钢铁股票集合竞价过程（二）

买方序号	委托买入价（元）	数量（手）	卖方序号	委托卖出价（元）	数量（手）
1	2.75	1			
2	2.66	10	2	2.49	4
3	2.58	1	3	2.52	7
4	2.52	8	4	2.56	2
5	2.48	5	5	2.63	5
			6	2.72	8

第二笔交易：第一笔成交中由于买入数量大于卖出数量，1 号卖家的卖出委托全部成交，而 1 号买家以 2.75 元买入重庆钢铁股票的委托还剩余一笔，需要与 2 号卖家的报价，即以 2.49 元卖出该股票成交，成交量为 1 手。成交后，其余委托为表 8.3 所示：

表 8.3　重庆钢铁股票集合竞价过程（三）

买方序号	委托买入价（元）	数量（手）	卖方序号	委托卖出价（元）	数量（手）
2	2.66	10	2	2.49	3
3	2.58	1	3	2.52	7
4	2.52	8	4	2.56	2
5	2.48	5	5	2.63	5
			6	2.72	8

第三笔交易：此时 2 号买家要以不高于 2.66 元的价格购买 10 手股票，2 号卖家与 3 号卖家的委托加起来正好是 10 手，且报价低于 2.66 元，这笔交易也可以顺利成交，成交量为 10 手，如表 8.4 所示：

表 8.4　重庆钢铁股票集合竞价过程（四）

买方序号	委托买入价（元）	数量（手）	卖方序号	委托卖出价（元）	数量（手）
3	2.58	1			
4	2.52	8	4	2.56	2
5	2.48	5	5	2.63	5
			6	2.72	8

第四笔交易：3 号买家以不高于 2.58 元买入 1 手，同时 4 号卖家以不低于 2.56 元卖出 2 手可以部分匹配，最终成交 1 手，完成这笔交易后，剩余委托如表 8.5 所示：

表 8.5　重庆钢铁股票集合竞价过程（五）

买方序号	委托买入价（元）	数量（手）	卖方序号	委托卖出价（元）	数量（手）
4	2.52	8	4	2.56	1
5	2.48	5	5	2.63	5
			6	2.72	8

这时，买入方的最高报价是 4 号买家给出的 2.52 元，即买入价格不能超过 2.52 元，而卖出方的最低报价为 2.56 元，即卖出价格不能低于 2.56 元，买入价与卖出价之间不再有交集，到此集合竞价的过程就完成了。其中，最后一笔成功交易的成交价，就是集合竞价的最终价格。如果双方报价不相等，像本例中最后一笔交易的买入价为 2.58 元，卖出价为 2.56 元，最终的成交价就是二者的平均值，即 2.54 元。

在以上集合竞价过程中，买卖双方的四笔委托一共成交了 13 手，按照规定，所有的买入价和卖出价都更新为最终成交价 2.54 元，交易所在开盘前发布的重庆钢铁股票的开盘价就是 2.54 元，成交量 13 手。另外，如果竞价时所有申买价都低于最低申卖价，导致股票无法成交时，那么上交所就将这只股票的开盘价设置为空缺，并将开盘后连续竞价的第一个成交价作为开盘价。

A 股的集合竞价时间在每个交易日的 9：15~9：20，但是这个时间段公布的价格和成交量可能是虚假的，因为这一段时间所有委托的交易都允许撤销。到9：20~9：25这个时间段，则只允许委托，不可以撤销。

许多股票交易的高手和庄家都会利用这个规则进行操作，如一个庄家持有大量的股票S，在9：15左右，他先向系统发起一个买入大量股票S的订单，散户看到后，会误以为这只股票有大量的资金流入，开盘后肯定会上涨，吸引散户跟进买入。到9：19的时候，庄家再把这个订单撤销，等到散户反应过来时，时间已经过了9：20，不能撤销了，开盘后庄家再把手中持有的股票S卖给接盘的散户，自己则赚了钱成功离场。

集合竞价阶段的最后5分钟，9：25~9：30这个时间段，竞价结束，电脑系统开始进行开票价撮合，这个阶段的报价都在开盘后成交，系统也不接受撤单。9：30开盘后，连续竞价的过程就开始了。

（2）连续竞价

股市开盘后，各类机构、企业、散户投资者开始进入市场买卖股票。为了规范市场，并且使交易更活跃，每个股票交易日的交易时间是有限制的，就像菜市场一样，每天都会迎来开门和关门，在关门的时间不对外营业。

生活经验丰富的读者一定知道，菜市场一天中最活跃的交易时间段有两个，一个是在早上开门后的半小时，即八九点左右，退休老人或家庭主妇都在这个时间去市场买菜准备一天生活做饭所需的材料，另一个是市场关门前的半小时，即下午四五点左右，打工一族下班回家路过菜场顺便购物。

股市也是如此，每天最活跃的交易时间段在开盘后和收盘前的半小时，即9：30~10：00和14：30~15：00这两个时间段。许多大庄家如机构类投资者都会在这段时间里进行交易，股价的波动也会非常剧烈，因此资金量较小和抗风险能力相对较弱的散户，应该尽量避开在10：00之后再进行投资操作。

我们在交易时间打开股票交易软件时，可以看到每只股票的价格都在上下波动，这个波动的过程就是股票买卖双方进行连续竞价的结果。与集合竞价一样，连续竞价时交易系统同样会按照价格优先和时间优先的方式确定每笔证券交易的具体成交价格，但连续竞价具体的规则与集合竞价有细微的差别。

一般而言，连续竞价的成交方式通常遵循几条原则。首先，当所有买家给出的最高买入价与所有卖家给出的最低卖出价相同时，就以这个价格作为成交价。但是当买家的报价低于卖家可以接受的最低价格时，就无法成交，买卖双方就要排队等待了。

这时候，如果有一个新的买家进行报价，且报价高于排队等候的最低卖出价（即卖一价格）时，就可以用最低卖出价作为成交价格完成交易；或者有一个新的卖家要卖出股票，并且他给出的价格低于排队等候中的买家给出的最高买入价格（即买一价格）时，就可以用最高买入价格作为成交价完成交易。

这些规则看起来十分复杂，我们举个例子来说明。在交易软件中随便打开一只股票的界面，如海螺水泥，我们可以看到在某一时刻这只股票的价格为 40.62 元，说明海螺水泥最近一次的交易是以 40.62 元作为成交价的。此外，我们还可以看到买卖双方正在排队中的报价，但是系统只显示前五名，像"买一"就是买家给出的最高买入价，"卖一"就是最低卖出价。由于这两个价格不相等，所以不能完成交易，双方只能排队等待合适的报价出现，如表 8.6 所示。

表 8.6　海螺水泥股票连续竞价过程（一）

排队中的报价顺序	价格（元）	数量（手）
卖五	40.67	10
卖四	40.66	19
卖三	40.65	1
卖二	40.64	48
卖一	40.63	120
买一	40.62	171
买二	40.61	548
买三	40.60	440
买四	40.59	336
买五	40.58	681

现在如果有一个买家要用 40.64 元购买 130 手这只股票，根据即时揭示的卖家报价，应该以 40.63 元成交 120 手，以 40.64 元成交 38 手。这笔交易完成后，股票的价格就变成了 40.64 元，其他没有成交的报价则继续排队等待，如表 8.7 所示。

表 8.7　海螺水泥股票连续竞价过程（二）

排队中的报价顺序	价格（元）	数量（手）
卖五	40.68	8
卖四	40.67	10
卖三	40.66	19
卖二	40.65	1
卖一	40.64	38
买一	40.62	171
买二	40.61	548
买三	40.60	440
买四	40.59	336
买五	40.58	681

这就是一只股票交易的连续竞价过程，就好像在菜场买大米时顾客和商贩的讨价还价一样，顾客觉得商贩的报价太高，会用各种说辞来尝试压低米价。而如果当年发生了重大自然灾害，导致大米产量大幅下降，市场短缺时商贩也会提高售价，并且按照先到先得的顺序卖给出价最高的顾客。虽然无论作为资产还是商品，股票与大米的差别都很大，但是任何资产和商品都要遵循市场规律，价格都是由供求关系来决定的。

4. 红玫瑰与白玫瑰

> 沃伦·巴菲特："如果市场是有效的，我早就回家挤牛奶了。"

张爱玲的小说中讲到，每个男人心目中都有两种女人，一种纯洁天真，就像洁白无瑕的白玫瑰，另一种娇艳欲滴，好似热情似火的红玫瑰。哪种女人更好？人们总是争论不休。

股票投资中也有类似的问题，在投资者分析一只股票是否值得投资时，往往存在分歧。一些人认为股票是反映了公司未来的发展和价值，应该严格按照价值投资的分析方法对公司经营情况和股票的表现进行价值分析；另一些人则认为股市充满随机性，股票价格的波动是一个随机游走过程，人们无法对未来的股价进行判断，应该利用统计规律进行技术分析来投资。本节我们就讨论一下两种投资分析方法的区别和联系。

（1）价值分析投资方法

价值投资就是人们觉得一个资产未来比现在更有价值，才会去投资它。比如父母养育孩子，愿意花大笔钱去让孩子上补习班，参加各种夏令营和课外活动，考取一个好大学，甚至出国留学等。花钱培养子女，一方面是因为父母望子成龙、望女成凤的爱子心情，另一方面是他们认为孩子长大成人、学有所成后可以创造出更多的财富回报父母的养育之恩。所以，对子女的教育就是人们一生都在做的价值投资。

股票的价值投资也是一样的道理，我们如果看好一家公司以后的发展，公司股票未来会升值，就在股价很低的时候买进股票，等到一段时间后公司发展壮大股价上涨后再卖掉套利。从时间性来看，股票投资往往是一家公司在发展中后期的投资，因为到了这个阶段，公司已经完成上市，所以投资的风险不是很大，除非公司发展不好导致退市，甚至破产清算。但是这种情况在我国 A 股市场很少发生，因为证监会对在 A 股上市公司的营业状况的要求非常高，审核十分严格，能在 A 股上市的公司已经是市场中的佼佼者，是行业中的龙头企业，基本可以做到大而不倒。

　　这就好比在一个孩子考上了北京大学后再对他进行投资，未来的前途不可限量，但是由于投资较晚，回报也是有限的。如果在他刚出生的时候就进行投资，在未来也会得到丰厚的收益，可是一个刚出生的孩子有谁能看出来他以后能考上北大呢。因此投资人只能看他父母的学历、工作和家庭教育的环境氛围，再根据这些因素来判断这个孩子是否值得投资。这些投资者就是我们所说的天使投资人，当然，他们投资的孩子并不是襁褓中的小孩儿，因为公司成立时，他们的父母就是公司的创始人了。所以天使投资才是风险最大，潜在收益也最高的一类投资。但是天使投资的金额门槛很高，投资数额往往高达几百万元，并且风险很高，公司从发起到上市要经历漫长的过程，创始人犯下一个很小的错误都可能导致公司灭亡，毕竟不是每个人都可以考上清华北大。

　　所以，作为一般的抗风险能力较差的普通老百姓，尽量不要参与这种高风险、投资周期长、收益不稳定的天使投资项目。现在市场上一些机构如私募基金，为了利益经常以高额的回报为诱饵诱惑缺乏经验的私人投资者购买这种天使投资项目的股权基金，美其名曰价值投资，实际上回报遥遥无期，而一旦购买，这些投资者就成为别人的接盘侠。

　　如果把天使投资比喻为波涛汹涌的大海，那么股市投资就好比风平浪静的湖面，虽然风险要低的多，但是股民也不能掉以轻心，毕竟不是每个北大毕业的学生步入社会后都能发展的很好。为了鉴别上市公司的股票是否值得投资，我们要对公司进行价值分析，即人们常说的股票基本面分析。

　　要分析宏观经济形势，即公司所处的行业是否符合当前经济发展的方向。例如，我国从 2017 年开始政府实施供给侧改革，淘汰落后产能，钢铁、水泥等低端制造行业的大量企业被关停，这些行业涉及的公司股票价格也受到很大影响，因此在这个阶段就不适合投资这些行业。

　　当大批企业关停后，存活下来的都是市场领军者，随着科技的进步和行业的变迁，这些公司也会迎来技术革新，提高产量降低能耗。未来我国

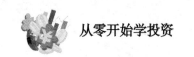

的基础设施建设还有很大空间，与基建相关的行业也会随着经济发展迎来上涨，起到拉动内需的作用。另外，随着市场竞争者的减少，钢材、水泥的价格也会回升。所以，供给侧改革完成后，基建行业也许还会迎来蓬勃发展，行业内的公司也会因此受益。

完成行业的解读后，我们还要对上市公司的财务状况进行分析。最直接的分析方法就是阅读公司财报。但是财报中的数字很多，其中蕴含了直接影响公司股价的信息，如公司估值、盈利能力、偿债能力、资产质量、潜在风险等，其中最核心的两个指标是公司价值和未来的盈利能力。

公司估值

我们需要了解一下会对公司价值产生影响的指标。其中我们最熟悉，也是最重要的指标就是**市盈率**（Price earnings ratio，即 P/E ratio），也称为股价收益比例，顾名思义，它的计算方法就是用股价除以每股收益，市场中提到的市盈率通常指静态市盈率。举个例子，如果一个公司的股票市价是 12 元，总共发现了 300 万股股票，在过去的 12 个月中公司的利润为 900 万元，那么盈利为 3 元 / 股，所以这只股票有 4 倍的市盈率（12 除以 3），即每投入 4 元，可以获得 1 元的利润。

从市盈率的公式我们可以看出，当股价越高、每股收益越低时，市盈率也越高；当股价越低、每股收益越高时，市盈率也越低。因此，我们常说的购买市盈率低的股票具有一定的道理，因为低股价可以降低购买成本，高收益也可以增加投资回报。

但是经常炒股的读者会知道，A 股中一些科技板块的股票，市盈率非常高，往往是传统行业公司的好几倍，购买这些科技股的投资者依然很多，一方面在于科技类公司属于朝阳产业，投资者看好它们未来的发展前景，另一方面市盈率并不是衡量股票是否值得买入的唯一标准。我们还需要参考其他指标来评估公司估值。

在市盈率的计算公式中，分母是每股收益，只有在收益大于零，即公司有盈利的情况下，市盈率指标才有意义。当公司亏损时，就不能采用市盈率对公司进行估值，需要用其他指标代替，如市销率和市净率。

市销率（Price to sales，即 PS）等于公司总市值除以总收入，或股价除以每股销售额。比如 2019 年公司 S 的股价为 15 元，一共发行 1 000 万股，总销售额 5 000 万元，那么每股销售额为 5 元，市销率就是 3 倍（15 除以 5）。市盈率的计算公式中分子与市盈率一样，都是股价，市销率的分母用每股销售额代替了每股收益。所以，股价越高、每股销售额越大的公司，市销率就越低，股票也更值得投资。

虽然采用市销率可以避免负值的出现，但是它不能反映公司的成本信息。另外，由于上市公司往往存在许多关联交易，所以市销率也无法剔除关联交易造成的影响。因此，市销率大多数情况都用在评估销售成本率较低的服务类公司或成本趋同的传统行业企业。

市净率（Price to book ratio，即 P/B ratio），计算方法是股票市价除以每股净资产，每股净资产就是股东的权益除以总股数。例如上市公司净资产为 25 亿元，总共发行的股本数为 10 亿股，则净资产为 2.5 元 / 股，如果公司的股价为 10 元，那么市净率等于 4 倍（10 除以 2.5）。

和上述两个指标一样，市净率越低说明股票的潜在投资价值越高。但是使用这个指标需要一个前提条件，就是上市公司的净资产非常真实，如银行等金融行业公司。而在一些传统企业中，有些资产不能给公司带来盈利，如停工的厂房和废弃的生产线，这些资产在计算市净率时应该被剔除。

在投资界，非常推崇牛市用市盈率选股，熊市用市净率选股，这是因为牛市时市盈率会给人无限的想象空间，股票分析师总是能通过各种规则计算出合理的市盈率（如采用动态市盈率计算公司未来的市盈率），吸引人们进行投资。熊市时人们的投资热情锐减，利用市净率筛选股票可以体现股票的安全边界。假设市场行情不好，公司面临破产，投资者可以按照净资产进行变现。所以，净资产越大、市净率越低的股票，风险系数就相对较小一些。

公司盈利能力

第二类反映公司发展情况的指标是公司的盈利能力，即获取利润的能力。假如我们要评估甲、乙两家上市公司的盈利情况，并决策购买哪一家公司的股票。甲公司过去 3 年的利润率出现连续增长，分别是 10%、12%、15%；乙公司同期的利润率分别为 25%、22%、19%，那么我们应该如何选择呢？如果采用分析公司估值的方法，如市盈率或市净率，可能我们会选择购买乙公司股票，但是如果根据公司盈利情况进行选择，甲公司过去 3

年的利润率保持稳定增长，乙公司的利润率则逐年下降，按照这个速度，甲公司未来的发展可能比乙公司更好，人们对甲公司的期望会更高，股价也会增长，所以投资者购买甲公司股票的收益也许会更大。

我们都知道，公司的利润等于销售收入减去成本，销售收入又等于产品价格和销量的乘积，所以利润通常取决于产品价格、销量和公司成本 3 个因素，其中任何一个因素改变都会影响到公司利润的变化。在其他两个因素不变的情况下，提高产品价格或销量、降低成本，都可以使利润得到提升。

$$利润 = 价格 \times 销量 - 成本$$

首先来看产品价格变化给利润带来的影响。一家公司如果单方面抬高产品销售价格，虽然可以增加单件商品的销售利润，但是经典的微观经济学理论告诉我们，商品的价格增加，同时也会降低消费者对该商品的需求[①]，导致销量下降，利润不一定增加。所以，我们需要进一步判断上市公司的产品价格变化会对销量带来哪些影响。

我们假设有三家不同行业的上市公司。A 公司主要生产卫生纸、消毒纸巾等快消品，这个行业的市场结构属于完全竞争性市场，主要特点是市场中生产同一类产品的公司有很多，并且不同公司的产品几乎没有差异，绝大多数消费者对品牌都没有忠诚度，哪家公司的纸巾便宜，就购买哪家的。消费者的需求也没有季节性变化，一年四季任何时间对商品的需求都是一样的。这种市场结构决定了 A 公司对自己的产品没有定价权，因为如果它提高产品价格，消费者会马上采购竞争对手的产品，导致 A 公司的销量大幅下跌，利润受损。如果它降低售价，暂时可以提高销量，但是竞争对手们也会迅速做出反应，跟随 A 公司降价，使得市场中同类产品的价格都会下降。最终所有企业的产品定价都会等于生产这件商品所要花费的成本（即边际成本）。因此，这类上市公司不会通过改变价格策略来影响利润。

B 公司主要生产建筑材料，如水泥。它所处的市场结构属于垄断竞争市场，即只有少数几家大型企业生产水泥，数量十分有限。由于质量原因每家企业生产的水泥都具有一定差异性，客户对品牌具有一定的忠诚度，因为水泥企业的客户都是大型建筑公司，它们承接像房产开发、修建公路等

---

① 这里我们谈到的商品都是正常品。

项目，对水泥的需求量通常比较大，为了追求品质稳定同时压低采购价格，客户在使用了一种品牌的水泥后往往不会轻易更换其他牌子，除非 B 公司的水泥价格有非常巨大的涨幅。另外，客户对水泥的需求往往具有季节性，一般大型工程项目都在春季开工，所以春季水泥的价格也会攀升。综上所述，这种垄断竞争性市场结构，赋予了水泥生产企业给产品定价的权利。例如 B 公司可以在春季适当提高产品价格，由于需求旺盛，以及客户对品牌的忠诚度，价格小幅度上涨一般不会降低销量，在成本也不发生变化的情况下，提价就可以使企业利润得到提升。据此，如果投资者在通过分析宏观经济形势和政府调控目标时发现经济正处于复苏期，政府在未来可能会扩大基础设施投资，就可以适当购入 B 公司股票，等待 B 公司在市场需求回暖时提高产品价格，增加企业利润，使得股票得到上涨。

市场中还有另外一类公司，如负责铺设自来水管道的 C 公司，在市场中没有提供类似产品或服务的竞争者，如果 C 公司可以上市，并且能够自由制定自来水价格，那么无论价格怎么涨，由于水是生命之源，老百姓没有讨价还价的余地，都必须为涨价买单，这就是垄断市场。这种市场结构的特点是企业可以随意定价，最大化榨取消费者的利益。像自来水、天然气、铁路运输、电力、通信等基础设施服务都天然具备垄断市场的特征。但是，这些行业与老百姓的日常生活关系密切，政府不能任由企业胡乱涨价降低民众福祉，所以提供生活基础设施服务的企业通常都是政府控制的国有企业，服务或产品价格也是由国家有关部门（我国由发改委）制定，企业要想调整价格扩大利润，必须向政府申报，政府批准同意后才可以更改价格。

因此，投资者要是购买 C 公司的股票，就更要关注宏观经济形势。由于政府对宏观经济是逆周期管理，当经济衰退时，政府为了刺激消费拉动经济增长，减轻人们的生活负担，可能采用降低电价、天然气价等基础服务费用的政策措施。这对于上市公司就不是一个利好，因为基础服务是刚需，价格调整不影响供求变化，降价会导致企业利润受损，股价下跌。

上市公司除了可以对价格策略进行调整以外，还可以调整产品销量，如上面提到的 B 公司，在市场需求增加时可以扩大投资，增加生产线，提高水泥产量，也可以达到提高企业利润的目的。

另外，在价格和销量无法调整时，企业还可以通过降低各种经营成本提高利润。例如在经济衰退进入寒冬时，产能过剩导致产品供给严重大于需求，企业无论怎么降价产品都不能卖出去，要实现盈利，只能以降低产量、裁员的方式减少支出。当然，企业也可以增加投资购买或研发新设备，用新技术取代旧技术，提高生产效率，达到降低生产成本、提高利润的目的。如 B 公司花费 1000 万元从国外采购了新型设备，使水泥生产成本下降了 20%。相对于竞争对手来说 B 公司的利润率得到提高，盈利能力也显著提升。

计算出上市公司估值和利润增长率后，我们就可以利用这些信息来选择合适的股票进行投资。例如，我们可以把上市公司按行业进行细分，在同一行业中选取市盈率低的股票；也可以把每家公司当前市盈率和历史市盈率进行对比，选择差距较大的公司作为备选的投资对象；或是在市盈率相同的公司中，选择利润增长率相对较高的公司股票等。

（2）技术分析投资方法

技术分析是投资者选择股票的另一种分析策略，在介绍技术分析的本质和规则之前我们先来看一个有趣的实验。假设在深夜的酒吧里有一个醉汉正准备回家，但是他酒喝得实在太多了，头脑已经不清醒，那么他迈出酒吧门，无意识地在街上乱走，第二天早晨醒来后这个醉汉最有可能出现在哪里呢？是家门口、公园的躺椅上还是在酒吧门口原地不动？

最有可能的答案是第三个，即醉汉走了半天最终回到原地。这是因为在失去意识的状态下，醉汉每走一步都不遵循任何规律，第二步与第一步走的方向可能一样，也可能完全相反，是一个完全随机的过程，最终有可能是在原地画圈。

金融领域的专家们认为，股票的价格也像喝多了酒的醉汉一样，每天都在随机游走，如果期限足够长，无论股价在今天涨得多高，或是跌得多狠，在未来都会回到今天的价格。所以当投资者的股票被严重套牢时，只要有足够的耐心沉得住气，一直持有不割肉，理想情况下是有可能等到股价回升甚至解套的。

1965 年，美国芝加哥大学著名的金融学家尤金·法玛提出了著名的有效市场假说。它说的是如果参与市场投资的人们足够理性，并且能够迅速对所有市场信息做出合理的反应，那么在制度完善、功能良好、信息透明、充分竞争的股票市场中，一切有价值的信息都已经及时、充分地反映在了股票的价格中。除非市场中存在暗箱操作，否则投资者不可能通过分析上市公司的历史数据获得高于市场平均水平的超额利润。

这个假说被法玛教授提出后便成为金融领域热门的研究话题，虽然研究结论令梦想一夜暴富的散户感到绝望，但实际上有效的市场可以充分降低投资风险，能很好地保护散户投资者的利益。

有效市场理论的前提条件非常苛刻，它要求每个投资者都聪明绝顶，并且股票市场也要充分有效。可惜的是，这两个要求都只有在理想情况下才能实现，即便在全球金融制度最完善、竞争最充分的美国证券市场，即使在只有6%的散户参与交易，并且大部分的交易都是由计算机人工智能完成的情况下，有效市场理论的前提条件还仍然无法完全得到满足。相比之下，虽然中国股市散户投资者的数量持续下降，但是截至2018年9月，散户数量仍然超过1亿人，持股市值的比例达到20%，市场制度也有不完善的地方。因此在这种情况下，依然有许多散户投资者怀揣梦想进入市场，希望成为中国巴菲特，但结果却被当成了韭菜任人收割。

有效市场理论也告诉我们，在市场不完善的情况下，我们可以利用统计学理论，通过技术分析实现股票投资盈利。

技术分析的方法有很多，其中最重要的一种是以均值回归的思想作为投资的基础依据。所谓均值回归，指的是在一个固定期限内（比如50天或30天），一只股票的价格会围绕期限内的均值上下波动，当价格高于或低于均值时，在未来一段时间内都会以很大的概率向均值方向移动。因此上涨或下跌的趋势都不会无限延续下去，而是涨多了就会下跌、跌多了就会上涨。

根据均值回归的思想进行投资，关键在于如何选择合适的买入和卖出时机。一些金融工作者往往会利用股票价格、交易量等历史数据，构建一个回归模型，计算出与金融市场相关的技术指标，并用这些指标指导买入和卖出。

技术分析得到的指标只是单纯地根据统计规律反映了股价的波动信息，而这个信息是无法通过上市公司的财务报表直接分析出来的。所以，技术指标从另一个维度为投资者的操盘提供了指导方向。

常见的技术指标包括反映市场景气程度的**相对强弱指数**（Relative Strength Index，简称 RSI），反映股票价格走势强弱的**随机指数**（KDJ），研究判断市场多空双方力量的**趋向指标**（Directional Movement Index，简称 DMI），计算长短期移动平均线差异的**异同移动平均线**（Moving Average Convergence and Divergence，简称 MACD）等。

我们拿鼎鼎大名的 MACD 指标作为一个例子。计算一只股票的 MACD 指数时应先计算出快速移动平均线[①]（一般选这只股票过去 12 天的平均值）与慢速移动平均线（常用过去 26 天的平均值），再把这两个数值相减，得到的差值简写为 DIF。在股价持续上涨的行情中，12 日均值会比 26 日均值增长更快，所以 DIF 值就越来越大。反之如果股价下跌，则 DIF 值可能为负。所以，DIF 的绝对值缩小到一定程度时，就是行情反转的信号。计算好 DIF 值后，再根据 DIF 计算其过去 9 日的平均值，即所求的 MACD 值，用 DEA 表示。最后，用 DIF 值减去 DEA 值再乘以 2，就得到了 MACD 柱状图。所以，MACD 指标是由 DIF 线、DEA 线和 MACD 柱 3 个元素共同构成的。

根据 MACD 的构成原理，股票的买卖原则是当 DIF、DEA 均为正，DIF 向上穿过 DEA 时（即人们常说的金叉），就是买入的信号；当 DIF、DEA 均为负，DIF 向下穿过 DEA 时（即死叉），就是卖出的信号；当 MACD 柱由绿转红时，市场由空头变为多头；当 MACD 柱由红转绿时，市场由多头变为空头。

MACD 指标只能作为投资者选择买入或卖出时机的一个参考，其他技术指标亦是如此，不能完全根据指标给出的信号进行买卖。因为市场中一些狡猾的庄家也会研究散户的投资逻辑，当他们发现许多散户会按照技术指标给出的信息参与买卖时，庄家就会利用手中的筹码故意给出相反的信号，让指标欺骗散户，从而达到自己的目的。

价值分析与技术分析两种方法各有利弊，投资者不能只笃信一种策略或仅选择一个指标作为投资决策的依据，而是应该结合两种方式的优点，在不同的市场行情中，结合自身抗风险能力理性做出最优的投资选择。

---

① 移动平均线（Moving Average，简称 MA），是将一定时间内的证券价格加以平均，并把不同时间段内的平均值连接起来，形成的一条曲线。

5. 宏观经济与股市

乔治·索罗斯：“永远不要孤注一掷。”

在第一章的模型中我们讲到，人们手中的钱是有限的，生活中他们要时刻面临着花多少钱消费、存多少钱在银行、用多少钱买股票投资等决策。宏观经济中任何一个微小的变化都会给人们的选择带来冲击。例如房租上涨了，人们的生活压力将会变得更大，只能减少消费和储蓄，勒紧裤腰带过日子。这种变化也会传导至股市，给股票价格造成很大影响。

影响股价的首要因素就是利率。中央政府靠调节利率调控宏观经济，经济过热时收紧政策上调利率，经济衰退时宽松银根下调利率，利率的变化直接影响了市场中流通的货币总量，从而导致经济形势发生改变。这种影响也会传导至股市。一般认为，股票价格与利率呈相反方向变动，通常变现为利率上升，股票指数下降，利率下降，股票指数上涨。

造成这个现象的原因有很多，我们以利率上升为例。利率的增加会使得其他资产的收益率增加，如银行存款和债券，厌恶风险的人们更愿意把钱存进银行或购买债券，获取低风险或无风险的利息回报。因此股市中的资金流通量就会下降，买卖股票的人少了，股价自然也会下跌。

利率影响股市的第二个机制是高利率会增加上市公司的融资成本，企业发行一个债券需要偿还的利息更高，这样势必会侵占上市公司的利润，使公司估值下降，导致未来股价下降。

另外，利率上升使得贴现率也上升，在第二节中我们提到，股票的价值就是未来分红贴现值之和，贴现率上升，未来分红的贴现值就会下降，因此股票的价格也会下降。

除了利率，经济的通货膨胀也会影响股价波动，但是这个影响具有一定周期性。前文中提到，通货膨胀可以用居民消费指数 CPI 度量。如果经济处于复苏期，当 CPI 上涨时，说明人们的需求逐渐增加，导致商品价格被动增加。由于复苏期的利率往往处于较低水平，如果物价上涨率超过借贷利率的上涨率时，公司库存的产品价格上升幅度也会超过成本的上升幅度，这就会使得公司利润和估值增加，股价也随着上涨。

但是当经济处于衰退期时，CPI 的上涨导致经济出现滞胀[①]，此时人们的消费需求很低，商品价格下降，但是通货膨胀加剧会让公司的原材料成本增加，利润和估值都出现下降，股价就会下跌。

都说股市是宏观经济的晴雨表，宏观经济是股市的风向标。股市的表现可以反映出投资者对经济形势的信心，宏观经济的好坏也会给股市涨跌带来影响。除了经济形势自身外，政府调控股市的政策通常也会给股价带来巨大波动，特别是在我国股市，这种影响往往会被夸大，有时候政府在非公开场合的讲话，甚至是与上市公司毫无关系的花边新闻，都会令股市产生震动。这种现象也充分说明了我国股市的投资者结构还有待完善，大部分投资者参与股市的目的还是梦想着一夜暴富，这种投机的心理也违背了投资的本质，最后也会被急于赚钱的心态击垮，不幸沦为庄家收割的"韭菜"。

随着我国的证券市场制度不断完善，在不久的将来，股票投资会回归到价值投资，真正有价值并且肩负起社会责任的上市公司最终会成为众人追捧的优质资产。

这一章中，我们介绍了股票投资的相关知识。回顾一下，股票的发行需要经过上市公司递交 IPO 申请，在一级市场进行公开发售，之后进入二级流通市场中成为股民之间的交易标的。一只股票不论在发售或流通阶段都需要有一个价格才能完成交易，IPO 定价是由券商与上市公司一起决策，通过构建模型、分析数据，最终计算出一个令二者利润达到最大化的价格。进入流通环节后，股票价格的形成包括两个阶段，分别是每个交易日正式开盘前的集合竞价以及开盘后的连续竞价。股票价格会随着市场中买方和卖方势力的强弱上涨或下跌，投资者要预测这种涨跌趋势，可以借助价值分析或技术分析的方法，二者就像红玫瑰与白玫瑰，各有利弊。最后我们

---

① 滞胀即停滞性通货膨胀（stagflation），宏观经济学中指经济发展停滞的同时，出现失业率和通货膨胀持续上升的现象。

分析了宏观经济中一些重要变量（如利率和通胀）的变化会给股市带来哪些冲击。

　　股票是老百姓日常生活中接触最多的金融资产，股市的波动不仅对国家宏观经济产生影响，也牵动着每一个老百姓的钱袋。从微观角度来看，作为普通的散户，我们在入资股市时应该知道，股票是一种高风险资产，不同于可以获得稳定回报的债券和银行储蓄，投资者一旦购买股票成为公司股东后，就要背负公司破产清算、投资血本无归的风险。但是，从宏观角度来看，股票又与债券和存款没有本质区别，都是一种储蓄行为，即人们在今天放弃当下的消费，把金钱拿来投资，以保障在明天获得更高的资本收益。